日本語教育のための
コミュニケーション研究

野田尚史・編

くろしお出版

この本の目的と構成　v

日本語教育に必要なコミュニケーション研究
野田尚史　1
1．この論文の主張　1
2．これまでの日本語教育　2
3．これからの日本語教育　4
4．これまでの日本語教育のための研究　6
5．これからの日本語教育のための研究　8
6．母語話者のコミュニケーションについての研究　10
7．非母語話者のコミュニケーションについての研究　13
8．コミュニケーション教育についての研究　16
9．まとめ　18

第1部　母語話者の日本語コミュニケーション　21

非母語話者にはむずかしい母語話者の日本語コミュニケーション
カノックワン・ラオハブラナキット・片桐　23
1．この論文の主張　23
2．日本語コミュニケーションのカギは「相手」　24
3．必要な情報とそうではない情報の区別　26
4．相手の気持ちや言動にふれるときに戸惑う　29
5．相手とのネゴシエーションがむずかしい　31
6．相手との距離を調整するのも至難の業　35
7．適切な反応と日本語話者の品格　36
8．これから必要となる母語話者のコミュニケーション研究の方向性　39
9．まとめ　40

日本語教師には見えない母語話者の日本語コミュニケーション
清 ルミ 43
1. この論文の主張 43
2. 「コミュニケーション重視の教育」の盲点 44
3. 関係性と面子(めんつ)重視の現実を無視 47
4. 教科書フレームの呪縛 48
5. 「つもり」教育の落とし穴 50
6. 教師のアレルギーと盲目性 52
7. 「普通」の感覚を取り戻す 55
8. 異文化コミュニケーション的視点からの言語文化の研究 56
9. 異文化コミュニケーション的視点からの非言語の研究 57
10. まとめ 59

母語話者には意識できない日本語会話のコミュニケーション
宇佐美まゆみ 63
1. この論文の主張 63
2. 母語話者は母語場面ではいかなるやりとりをしているのか 65
3. 母語話者は接触場面ではいかなるやりとりをしているのか 68
4. 現代の日本語母語話者は敬語をどのように使っているのか 70
5. 作られた会話と自然会話にはどのような違いがあるのか 73
6. 自然会話のどのようなことが指導項目になりえるのか 78
7. なぜ自然会話を素材とする教材が必要なのか 80
8. まとめ 81

第2部 非母語話者の日本語コミュニケーション 83

非母語話者の日本語コミュニケーションの問題点
奥野由紀子 85
1. この論文の主張 85
2. 「誤解をまねく表現形式の使用」による問題点 86
3. 「失礼な印象の確認要求表現」による問題点 90
4. 「相手を不快にさせる情報提示表現」による問題点 92
5. 「自分のための繰り返しと言い残し」による問題点 94
6. 「その場にふさわしくない言語形式」による問題点 98

7．「言語行動様式の無知」による問題点　　　　　　　　100
　　8．まとめ　　　　　　　　　　　　　　　　　　　　　102

非母語話者の日本語コミュニケーションの工夫
　　　　　　　　　　　　　　　　　　　　　　迫田久美子　105
　　1．この論文の主張　　　　　　　　　　　　　　　　　105
　　2．非母語話者の日本語運用　　　　　　　　　　　　　106
　　3．非母語話者のルール単純化の工夫　　　　　　　　　108
　　4．非母語話者の固まり形成の工夫　　　　　　　　　　110
　　5．非母語話者のマーカー活用の工夫　　　　　　　　　112
　　6．非母語話者の母語・既習言語の活用の工夫　　　　　115
　　7．教室環境の非母語話者の動詞「思う」の発達プロセス　116
　　8．自然環境の非母語話者の動詞「思う」の運用の工夫　　120
　　9．まとめ　　　　　　　　　　　　　　　　　　　　　122

非母語話者の日本語コミュニケーション能力
　　　　　　　　　　　　　　　　　　　　　　　山内博之　125
　　1．この論文の主張　　　　　　　　　　　　　　　　　125
　　2．実質語の分類に関する研究　　　　　　　　　　　　126
　　3．習得に影響を与える語の性質に関する研究　　　　　129
　　4．身近な語に関する調査　　　　　　　　　　　　　　133
　　5．抽象概念を表す名詞の用法に関する研究　　　　　　135
　　6．話題に従属しない実質語に関する研究　　　　　　　137
　　7．実質語と機能語の融合的な研究　　　　　　　　　　139
　　8．まとめ　　　　　　　　　　　　　　　　　　　　　141

第3部　日本語のコミュニケーション教育　　　　　　145

コミュニケーションのための日本語教育の方法
　　　　　　　　　　　　　　　　　　　　　　　品田潤子　147
　　1．この論文の主張　　　　　　　　　　　　　　　　　147
　　2．「作り物」ではなく「本物」を使う方法　　　　　　148
　　3．現実のコミュニケーションを観察する方法　　　　　153
　　4．共同作業をする方法　　　　　　　　　　　　　　　155

5．「やり直し」を練習する方法　　　　　　　　　　　157
　　　6．活動中心の学習の段階性に関する研究　　　　　　　159
　　　7．活動中心の習得過程を可視化する研究　　　　　　　162
　　　8．まとめ　　　　　　　　　　　　　　　　　　　　165

日本語のコミュニケーション教育を阻む要因
　　　　　　　　　　　　　　　　　　　　　　徳井厚子　167
　　　1．この論文の主張　　　　　　　　　　　　　　　　167
　　　2．導入手順重視の束縛　　　　　　　　　　　　　　168
　　　3．教室内の構造化したコミュニケーションの束縛　　169
　　　4．一方向的なコミュニケーション観という束縛　　　172
　　　5．予測可能で理想的なコミュニケーション観という束縛　174
　　　6．動態性や相互作用性の欠如したコミュニケーション観という束縛　176
　　　7．集団コミュニケーションの視点の欠如　　　　　　178
　　　8．関係構築の視点の欠如　　　　　　　　　　　　　180
　　　9．まとめ　　　　　　　　　　　　　　　　　　　　183

日本語教師に求められるコミュニケーション教育能力
　　　　　　　　　　　　　　　　　　　　　　嶋田和子　187
　　　1．この論文の主張　　　　　　　　　　　　　　　　187
　　　2．教師の思考を停止させる「文型至上主義」と「教科書至上主義」189
　　　3．「正確さ信仰」がもたらす「場・関係性の軽視」　190
　　　4．「教師は正しいことを教える人」「授業は教室の中で」という呪縛　192
　　　5．クリティカルな教材分析と開発に至る教材研究　　194
　　　6．接触場面・母語場面に関する研究　　　　　　　　197
　　　7．「教えるということ」を問い直す教師教育研究　　200
　　　8．実践研究を妨げる要因　　　　　　　　　　　　　203
　　　9．まとめ　　　　　　　　　　　　　　　　　　　　205

あとがき　207
索　引　211
著者紹介　221

この本の目的と構成

　この本の目的は，コミュニケーション重視の日本語教育をするためにはどんな研究が必要なのかを示すことである。

　「聞く」「話す」「読む」「書く」という現実のコミュニケーション活動に役立つ教育をしたいという気持ちは多くの人に共通している。しかし，実際にそのための教材を作って，教育実践を行おうとすると，壁に突き当たる。具体的に何をどう説明し，どんな練習をすればよいのかがわからず，すべてを一から考えなければならないからである。

　日本語学や言語学で古くから扱われてきた問題については，すでにたくさんの研究がある。たとえば，助詞「は」と「が」の問題であれば，それぞれの用法や，両者の使い分けについての研究はもちろん，日本語非母語話者の習得過程や，日本語と他言語の比較対照，非母語者への効果的な教授法などの研究も数えられないくらいある。それらを参考にすれば，比較的簡単に教材作りや教育実践ができる。

　そうしたものに比べ，日本語教育に役立つようなコミュニケーション活動の研究はまだ始まったばかりで，あまり蓄積がない。たとえば「書く」というコミュニケーション活動で言えば，現代ではメールを書くことが非常に重要である。しかし，母語話者がどんな相手にどんな用件でメールを送るときにどんな表現を使ってどんな構成のメールを書いているかといったことについてはまだ研究が十分に行われていない。非母語話者が書くメールで，相手に誤解を与えたり相手によくない印象を与えたりする表現の研究や，さまざまなメールを書けるようになるための教育プログラムの研究なども完全に不足している。

　この本では，「日本語教育のための」をキーワードに，日本語教育に役立つためのコミュニケーション研究とはどのようなものかを具体的に示そうとした。あわせて，その前提になっているコミュニケーション重視の日本語教育についても，必要に応じて述べるようにした。

この本の構成は，次のようになっている。
　最初に置かれた野田尚史の論文はこの本の導入に当たるもので，コミュニケーション重視の日本語教育のためには具体的にどんな研究が必要かについて広く見渡したものである。
　そのあとは，野田論文を受けて，3部に分かれている。
　第1部は「母語話者の日本語コミュニケーション」で，次の3つの論文が収められている。カノックワン・ラオハブラナキット・片桐の論文では，母語話者の日本語コミュニケーションは非母語話者にとってどんなところがむずかしいのかが明らかにされている。清ルミの論文では，日本語教師は母語話者の実際のコミュニケーションのどんな部分に気づかず，見逃しているかが指摘されている。宇佐美まゆみの論文では，日本語の会話を対象に，母語話者には意識できないコミュニケーションの仕組みが分析されている。
　第2部は「非母語話者の日本語コミュニケーション」で，次の3つの論文が収められている。奥野由紀子の論文では，非母語話者の日本語コミュニケーションに見られるさまざまな問題点が具体的に抽出されている。迫田久美子の論文では，非母語話者が限られた日本語能力をどのように工夫してコミュニケーションを行っているかが分析されている。山内博之の論文では，「話す」能力を対象に，非母語話者のコミュニケーションにとっては語彙が重要だということが指摘されている。
　第3部は「日本語のコミュニケーション教育」で，次の3つの論文が収められている。品田潤子の論文では，日本語のコミュニケーション教育の具体的な実践方法が述べられている。徳井厚子の論文では，日本語のコミュニケーション教育を阻んでいるのは教師のコミュニケーション観だとして，その実態を解明している。嶋田和子の論文では，コミュニケーション教育を行うためには教師にコミュニケーション教育能力が求められることや，教師研修の重要性が述べられている。
　これら10の論文は，「日本語教育をコミュニケーション重視のものにするには，その目的に合わせた研究が必要だ」と考える10人によって書かれた。ぜひ10人の競演を楽しんでいただきたい。　　　　（野田尚史）

日本語教育に必要なコミュニケーション研究

野田尚史

1. この論文の主張

　日本語教育の目的は,「聞く」「話す」「読む」「書く」という日本語のコミュニケーション能力を高めることである。日本語の構造や体系を教えることではない。

　そのような認識は古くからあり,これまで作られてきたどの日本語教科書もコミュニケーション能力の育成を目的として掲げていると言ってよい。しかし,実際にはコミュニケーション能力より日本語の構造や体系を教えようとしていると思われてもしかたがない部分が多い。

　そのような現状を変えるために,この論文では次の(1)のようなことを主張する。

　　(1) 本当の意味で日本語教育を言語の教育からコミュニケーションの教育に変えるためには,日本語教育のための研究も言語の研究からコミュニケーションの研究に変える必要がある。

　そして,コミュニケーションのための日本語教育を行うためにはどんなコミュニケーション研究が必要であるかを明らかにする。

　この論文では,最初に2.でこれまでの日本語教育について次の(2)のようなことを述べる。また,3.でこれからの日本語教育についてその次の(3)のようなことを述べる。

　　(2) これまでの日本語教育は,日本語の構造や体系についての言語学的な研究の論理に従って教育内容が決められてきた。

(3) これからは，日本語を使う状況から出発し，その状況でどんな能力が必要かを研究し，教育内容を決めるべきである。

次に，4.でこれまでの日本語教育のための研究について次の(4)のようなことを述べる。また，5.でこれからの日本語教育のための研究についてその次の(5)のようなことを述べる。

(4) これまでの日本語教育のための研究は，日本語の構造や体系を明らかにする言語学的な研究の方法で行われてきた。
(5) これからは，母語話者や非母語話者のコミュニケーションの実態研究など，日本語教育に役立つ研究を行うべきである。

そのあと，6.から8.では，日本語教育をコミュニケーションの教育に変えていくためには，次の(6)から(8)のような研究を行う必要があることを述べる。

(6) 母語話者が個々の状況でどのように日本語を使っているかという母語話者のコミュニケーションについての研究
(7) 非母語話者が個々の状況でどのように日本語を使っているかという非母語話者のコミュニケーションについての研究
(8) コミュニケーション能力を高める教育はどのように行ったらよいかというコミュニケーション教育についての研究

2．これまでの日本語教育

これまでの日本語教育は，コミュニケーション能力の育成を目的として掲げていても，実際には日本語の構造や体系を教えようとしている部分が多かった。それは，言語の構造や体系を明らかにすることを目的とした伝統的な言語学的な研究の論理をそのまま日本語教育に持ち込んだからだと考えられる。

たとえば，初級の日本語教科書の第1課では，次の(9)のような「文型」が導入されることが多い。

(9) 1. わたしは　マイク・ミラーです。
    2. サントスさんは　学生じゃ(では)　ありません。
    3. ミラーさんは　会社員ですか。

4．サントスさんも　会社員(かいしゃいん)です。
　　　　　　　　　　　　（『みんなの日本語 初級Ⅰ 本冊』p. 6）
そして，この課の「言語行動目標」は，次の(10)だとされる。
　(10) 初対面の人と簡単なあいさつや自己紹介ができる。
　　　　　　　　　　（『みんなの日本語 初級Ⅰ 教え方の手引き』p. 37）
　しかし，初対面の人と簡単なあいさつや自己紹介をするときに，前の(9)のような文型がよく使われるだろうか。
　自己紹介では「マイク・ミラーです」のような文は必ず使われるが，(9)にある「わたしはマイク・ミラーです」のように「わたしは」が入った文は普通は使われない。
　「サントスさんは学生じゃありません」のような否定文も，簡単な自己紹介で出てくることは普通はない。そもそも自己紹介で「サントスさん」という第三者について述べる状況は考えにくい。
　「ミラーさんは会社員ですか」のような文も，簡単な自己紹介で使われることは少ない。特に「ミラーさん」が相手ではなく，第三者であれば，なおさらである。
　「サントスさんも会社員です」のような文も，簡単な自己紹介で使われることはほとんど考えられない。
　このように実際の自己紹介で使われることがほとんどなさそうな文型がこの課で導入されるのは，自己紹介でよく使われる表現を調査して，そのような表現を扱おうとしたのではないからである。言語学的な研究の論理に従って日本語の基本的な文の構造を教えようとしたからだと考えられる。
　つまり，次のような論理である。「私はミラーです」のように名詞が述語になっている文は，動詞が述語になっている文より単純である。動詞と違って，「ジュースを」「山田さんに」のような格成分が必要ないといったことがあるからである。そのため，第1課では名詞が述語になっている文を扱うことにしたということである。また，否定文や疑問文は，文の構造にとって重要なので，それらも扱うことにしたのだろう。
　そのような論理で最初に扱う文型を決め，そのあとそうした文型が使

われそうな状況として簡単な自己紹介を考え出したのだと考えられる。
　もう1つ例をあげよう。「行け」「行くな」のような命令形・禁止形を使った文を言う練習が初級の教科書に入っていることがある。たとえば，イラストを見て，次の(11)のような文を言う練習である。
(11)　例1：　→　金を　出せ。
　　　例2：　→　ボールを　投げるな。
　　　　　　　　　　　　　（『みんなの日本語 初級Ⅱ 本冊』p. 63）
　しかし，ほとんどの人にとってこのような命令形の文を言わなければならない機会はない。それなのにこのような練習があるのは，命令形を含め，動詞の活用体系をすべて示すという言語学的な研究の論理に従っているからだろう。
　命令形の文は，聞いてわかったほうがよいかもしれない。そうだとしても，聞く練習をするだけでよい。どんな文型を扱うときにも，「聞く」「話す」「読む」「書く」という4つの技能のすべてを身につけさせようとするのも，言語学的な研究の論理によると考えてよいだろう。言語学的な研究では，文法は「聞く」「話す」「読む」「書く」という言語活動の別を越えた中立的なものだという論理で作られているからである。
　このような目でこれまでの日本語教育を見ると，言語学的な研究の論理に従って日本語の構造や体系を教えようとしていた部分が非常に多いことに気づく。
　ただし，言語学的な研究の論理に従っていると言っても，意図的なものではなく，無意識のことが多いと考えられる。無意識だからこそ，コミュニケーションのためと言いながら実際には言語学的な研究の論理に従っていることに気づきにくいのである。

3.　これからの日本語教育
　日本語教育をコミュニケーションの教育に変えていくためには，言語学的な研究から出発し，その論理で教育内容を決めるというやり方をやめなければならない。日本語を使う状況から出発し，その状況でどんな能力が必要かを考えて教育内容を決めるようにしなければならない。

自己紹介を例にすると，だれに対して何のために自己紹介をするのかという「状況」が重要になる。それによって自己紹介に盛り込む内容が大きく違い，必要になる表現も大きく変わるからである。
　たとえば，国際文化学部異文化コミュニケーション学科の新入生歓迎会で新入生が一人ずつ自己紹介をする状況であれば，次の(12)のようには言わないほうがよい。名前や出身地など，ほかの新入生と違う情報だけを言うべきである。
　(12)　国際文化学部異文化コミュニケーション学科の1年生です。
　自己紹介で自分の名前を覚えてほしい場合，姓だけでよいなら，次の(13)のように言えばよい。姓と名を覚えてほしいなら，その次の(14)のように言えばよい。
　(13)　楊(よう)です。楊貴妃(ようきひ)の楊(よう)です。
　(14)　キム・キョンシルです。キムは韓国でいちばん多い苗字(みょうじ)です。キョンシルは，映画の「キョンシー」に「ル」と覚えてください。
　大学や専門学校の新入生オリエンテーションで途中の休憩時間に隣の席の人に話しかける状況なら，次の(15)は変に思われるかもしれない。たとえばその次の(16)のように共通の話題から入るほうが自然だろう。
　(15)　初めまして。カノックワンです。タイから来ました。どうぞよろしく。
　(16)　先生の話，長かったね。
　このように，自己紹介はだれに対して何のためにするかによって，必要になる言語表現はさまざまである。初級の第1課で簡単に済ませられるようなものではない。だれかが紹介してくれて，自分は「張です。どうぞよろしくお願いします」と言えばよいだけの自己紹介から，就職試験などで求められる自己アピールに近い自己紹介まで，状況別に教育内容を考えていかなければならない。
　教育内容を考えるときには，言語学的な研究に引きずられないようにすることが重要である。たとえば，一対一の自己紹介では，次の(17)のように，相手の言った名前を確認したほうがよいことがある。

(17)　フクトミさんですか。

　名前が正しければ相手に答えてもらわなくてもよい確認であれば，下降イントネーションになる。上昇イントネーションでは，相手に質問することになってしまう。下降イントネーションでも，最後の「か」を長く延ばすと，「残念だ」というニュアンスが出てくることがあり，注意が必要である。

　このような下降イントネーションの「～か」は，言語学的な研究では，疑問文の中で中心的なものではなく，周辺的なものとされる。しかし，相手の名前を確認するという状況では重要であり，積極的に扱うべきである。

　もう1つ例をあげよう。美容院や理髪店で髪を洗ってもらっているときにスタッフから質問される次の(18)のようなことばを聞いて理解する場合である。

　　　(18)　お湯の温度，大丈夫でしょうか。

　お湯の音に混じって聞こえるこのようなことばを聞きとるのはむずかしそうに思えるかもしれないが，実際にはそれほどむずかしくない。

　質問は，洗髪を始めるときなら「お湯の温度は大丈夫か」，シャンプーが終わるころなら「かゆいところはないか」，すすぎが終わるころなら「すすぎ足りないところはないか」ということに限られる。普通は「はい」や「大丈夫です」と答えれば済むことばかりである。洗髪中に「前髪の長さをどれくらいにするか」といったことを聞かれることはない。そのような知識があれば，言われたことがほぼ完全に理解できる。

　このように実際のコミュニケーション活動に必要な能力を養っていけば，日本語を使ってさまざまな活動ができるようになるはずである。

4．これまでの日本語教育のための研究

　前の2.で述べたように，これまでの日本語教育は，言語学的な研究の論理に従って日本語の構造や体系を教えようとしていた。日本語教育に役立てようという研究，たとえば習得研究や対照研究，教授法研究も，同じように，言語学的な研究の論理に従って行われることが多かった。

そうした研究は，コミュニケーション能力を高めるための日本語教育にはあまり役に立たないものが多かった。

たとえば，習得研究では，格助詞や，アスペクト，「は」と「が」といった言語の構造にかかわるテーマが多かった。また，分析方法も，日本語研究で行われているものをそのまま踏襲していることが多かった。

たとえば，「は」と「が」の習得研究では，「は」の用法と「が」の用法を分類し，穴埋めテストなどによってそれぞれの用法の正答率を出し，どの用法がむずかしいかを明らかにしようとするものが多かった。

しかし，非母語話者は「は」や「が」の用法を日本語研究の枠組みで分類して理解しているわけではない。次の(19)の(　)に「が」という正答を入れたとしても，「総記(排他)」の用法を習得しているとは言えない。単に「のほうが」というかたまりで覚えているだけである可能性があるからである。

(19)　クイズ番組よりトーク番組のほう(　)おもしろい。

次の(20)の(　)にも「が」を入れることが確認できれば，「のほうが」というかたまりで覚えている可能性がさらに高くなる。

(20)　クイズ番組よりトーク番組のほう(　)よく見る。

次の(21)の(　)に「は」という誤答を入れた場合も，「〜間」のような従属節の中の「が」の用法を習得していないというより，従属節の中では「は」が使えないことを習得していないということだろう。

(21)　私(　)いない間，ごはんは自分で作ってください。

この(21)に「は」を入れるのは，文の最初にある名詞には「は」をつけるとか，「私」には「は」をつけるという非母語話者独自の文法規則を作っているということだろう。

このように日本語研究の枠組みによらない形で非母語話者の習得過程を分析しないと，日本語教育に役立つ研究にはならない。

対照研究でも，習得研究と同じように，格や，ヴォイス，アスペクトといった言語の構造にかかわるテーマが多かった。分析方法も，言語学的な研究で行われているものをそのまま踏襲していることが多かった。

依頼や断り，謝罪などをどのように行うかといった言語行為について

の対照研究も，最近，多くなってきているが，言語学的な研究の方法論をそのまま使っている場合が多い。たとえば，依頼を行うロールプレイをしてもらい，その発話内容を「直接的依頼」や「理由説明」「感謝」などの「意味公式」に分類し，言語による「意味公式」の出現頻度や順序の違いを分析するという方法である。

　しかし，このような方法で日本語教育に役立つ情報が多く得られるとは思えない。たとえば，私は，日本語を専攻している中国語話者の学生から「先生のもとで勉強したい」という内容のメールをよくもらうが，そのメールには，日本語母語話者が書くメールと比べ，たとえば次の(22)から(24)のような特徴があるように思われる。

(22)　「まず自己紹介をさせていただきます」のような表現があり，詳しい自己紹介があることが多い。かなりプライベートな情報が書かれていることもある。

(23)　研究したい内容などはあまり詳しく書かれていないことが多いが，日本語能力試験の成績や，スピーチコンクールの成績など，自己アピールが書かれていることが比較的多い。

(24)　「先生の下で勉強させていただければ幸いです」のような表現はあっても，あとは「どうぞよろしくお願いします」だけしかなく，具体的な依頼内容がわからないことが多い。

　このようなメールの書き方は，中国語の依頼のしかたの影響を受けたものかもしれない。(24)は「日本語はあいまいな表現をする」という迷信を信じた結果かもしれない。しかし，言語学的な研究の枠組みによる研究ではその理由はわからず，日本語教育に役立てることもできない。

5. これからの日本語教育のための研究

　日本語教育のための研究をコミュニケーションの教育に役立つものに変えていくためには，言語学的な研究と同じようなテーマや方法で研究するのをやめなければならない。そして，コミュニケーションの教育にとってどのような研究が必要であるかを一から考え直す必要がある。

　コミュニケーションの教育にとって必要な研究を考えるときに特に重

要なのは，次の(25)と(26)だろう。
　(25)　文法中心主義からの脱却
　(26)　純粋な日本語能力以外の重視

　このうち(25)は，これまでの日本語教育では文法が非常に重要なものだと考えられてきたが，そのような前提から出発するのをやめるということである。

　実際の「聞く」「話す」「読む」「書く」というコミュニケーション活動にどんな能力が必要かを一つひとつ検討すると，文法より語彙のほうがはるかに重要だということがわかるだろう。

　飲食店のクーポンの説明を読む場合を考えてみよう。クーポンには，次の(27)のような注意書きが書かれていることがある。
　(27)　クーポンご使用の場合は現金支払いのみとなります。

　これを読んで理解するのに，敬意を表す接頭辞の「ご」や，限定を表すとりたて助詞の「のみ」や，変化の意味を失って「です」に近い意味を表すようになった「となります」などの文法的な表現を知っている必要はない。知っている必要があるのは，第一に「現金」という語の意味であり，その次に「支払い」という語の意味である。

　このようなクーポンに書いてある可能性が高いのは，特典の内容と，特典を受けられる条件である。特典の内容には，「10％割引き」や「1ドリンクサービス」や「宴会コース8名様以上で1名無料」のようなものがある。特典を受けられる条件には，「月〜木限定」や「前日までに要予約」や「他サービスとの併用不可」のようなものがある。そのような語句の意味がわかれば，クーポンの説明はほとんど理解できる。

　そうすると，コミュニケーションの教育にとって必要な研究は，「のみ」や「となります」のような文法的な表現の用法を調べることではないということになる。必要なのは，たとえば，飲食店のクーポンにはどのような内容が書かれていて，それを理解するためにはどんな語句の意味を知っている必要があるかを調べることだということになる。

　文法的な表現だと考えられているものでも，聞いたり読んだりして理解するときには，語彙として扱えば済むことも多い。たとえば，「らし

い」「ようだ」「みたいだ」は，聞いたり読んだりして意味を理解するときには，互いの文法的な使い分けを知っている必要はない。どれも，話し手や書き手が断定できない不確かなことを表しているということを知っていればよいだけである。

話したり書いたりするときも，たとえば「説明させていただきます」であれば，「説明する」より丁寧な表現として，相手が明らかに目上のときに使うことを知っていれば済む。この表現の文法的な成り立ちなどは特に必要ないとすれば，文法ではなく，語彙として扱える。

一方，前の(26)の「純粋な日本語能力以外の重視」というのは，これまでの日本語教育では純粋な日本語能力だけを非常に重視してきたが，話題の選び方のような社会言語能力や，談話の組み立て方など，狭い意味での言語能力に含まれないものも重視するということである。

たとえば，非母語話者の大学生がゼミでの発表について事前に担当の先生に相談するという状況を考えてみよう。その学生が，それまで発表しようと思ってきた内容や，そのための準備に行き詰まっていることを詳しく話しはじめたとする。担当の先生は何のためにそういう話を始めたのかがわからないと，イライラしてしまう可能性がある。発表内容を変える相談なのか，必要な文献を教えてほしいということなのか，発表の日を先に延ばしてもらえないかという相談なのか，そういうことを早く言ってほしいはずである。文法的に正確な日本語を話せることより，このような談話の組み立て方のほうが大事なことも多い。

言語学的な研究では，音声や文法など，体系化しやすいものから先に研究が行われてきた。日本語教育でも同じように音声や文法が重視される傾向が強かったが，日本語教育とは目的が違う言語学的な研究の論理に引きずられる必要はまったくないということである。

6. 母語話者のコミュニケーションについての研究

最初の1.で述べたように，コミュニケーションの教育のためには，次の(28)から(30)のような研究を行う必要がある。

　　(28) 母語話者が個々の状況でどのように日本語を使っているかと

いう母語話者のコミュニケーションについての研究
(29) 非母語話者が個々の状況でどのように日本語を使っているかという非母語話者のコミュニケーションについての研究
(30) コミュニケーション能力を高める教育はどのように行ったらよいかというコミュニケーション教育についての研究

　この**6.**では，このうちの(28)，「母語話者のコミュニケーションの研究」を取り上げる。

　母語話者の日本語についての研究は，日本語研究に膨大な蓄積がある。その中には，現代日本語研究会(編)(1997，2002)のように，コーパスの作成を含め，母語話者が行っているコミュニケーションの実態を明らかにしていて，コミュニケーションの教育に有益なものもある。ただ，研究目的が違うので当然のことではあるが，コミュニケーションの教育に直接，生かせるものは多くない。

　また，川口義一(2007)のように，日本語教育で示される例文を母語話者が使うような自然なものにしようという研究もある。必要な研究ではあるが，「形容詞の連体形」や「受身形」のような言語形式から出発するという点で，すでに日本語研究の論理に引きずられているため，限界がある。

　コミュニケーションの教育に必要な「母語話者のコミュニケーションの研究」というのは，母語話者が実際の「聞く」「話す」「読む」「書く」というコミュニケーション活動をどのように行っているかという研究である。そのような研究では，言語形式から出発するのではなく，コミュニケーション活動を行う具体的な状況から出発する必要がある。

　たとえば「聞く」活動で，電話で飲食店の予約をする場合を考えると，どんな店に予約の電話をすると，何を言われたり聞かれたりする可能性があるのか，そのときどんな表現が使われるのかを詳しく調べる研究が必要である。

　予約の日時と人数を聞かれ，空いている場合は，名前と電話番号を聞かれるという基本的な流れはあるが，店によって，また状況によってさまざまなことが加わる。たとえば，「ランチタイムは2千円以上のコー

スしか予約できない」とか「その日は8時半以降しか空いていない」と言われたり、「メニューをどうするか」とか「テーブル席か座敷か」を聞かれたりする。大人数の予約の場合は、「キャンセルや人数の変更は前日までに」と言われたり、「飲み放題にするか」を聞かれたりする。

使われる表現も、店によって違う。たとえば予約の日時を聞かれる場合、高級店では「お日にちはお決まりでしょうか」のような丁寧な表現が使われるが、庶民的な店では予約する側が「予約をしたい」と言うと、すぐ「はい、どうぞ」と言って日時などを言わせることもある。

予約電話で店の人が言うことを聞きとるには、どんな店にどんな予約をするかによって聞かれることを予想し、どんな表現が使われるかを知っておく必要がある。その教育のためには、電話予約のとき、店の人に言われることや聞かれることについての詳しい調査が不可欠である。

また、たとえば「書く」活動で、研究論文に謝辞を書く場合を考えると、どんな論文にどんな謝辞を書くことが多いのか、そのときどんな表現が使われるのかを詳しく調べる研究が必要である。

論文の本文は一般に普通体であるが、謝辞も普通体で書くか、謝辞は丁寧体にするかは、論文によって違う。次の(31)のように謝辞が普通体の場合もある。その次の(32)のように謝辞の中で事実を表す文は普通体、謝意を表す文は丁寧体という場合もある。そのあとの(33)のように事実を表す文も謝意を表す文も丁寧体という場合がある。

(31) 本稿の作成にあたり、九州大学の丸山宗利助教には本稿執筆の機会を頂いた．工藤誠也氏，工藤忠氏，西田賢司氏には幼虫の写真の一部を借用させて頂いた．末文ながら各氏に厚くお礼を申し上げる． （『生物科学』61-4，p. 217，2010）

(32) 貴重な資料の閲覧に際し、神宮文庫黒川典雄氏のご高配を賜った。記して謝意を表します。

（『日本歴史』741，p. 93，2010）

(33) 本研究の一部は岐阜大学大学院工学研究科 環境エネルギーシステム専攻 小林智尚教授との共同研究に基づくものです。謝意を表します。 （『応用物理』79-5，p. 443，2010）

謝辞の内容や表現は，研究分野や掲載誌，著者によって違うだけでなく，時代によっても変化が見られる．前の(31)のように謝意を表す文が普通体の謝辞は以前に比べ減ってきているようであるが，詳しい調査が必要である．

　論文の謝辞を書くとき，どんな内容をどのような表現で書くのがよいか，また書かないのがよいかを判断できるとよい．その教育のためには，謝辞の内容と表現についての詳しい調査が不可欠である．

　「電話で飲食店の予約をするときに言われたり聞かれたりする内容や表現」とか「研究論文の謝辞を書くときの内容や表現」という単位で考えると，母語話者が実際の「聞く」「話す」「読む」「書く」というコミュニケーション活動をどのように行っているかという研究は，何万，何十万という数が必要になる．コミュニケーションの教育は，そのような研究の積み重ねなしには実現できない．

7. 非母語話者のコミュニケーションについての研究

　この7.では，コミュニケーションの教育に必要な研究の2つ目として，「非母語話者のコミュニケーションについての研究」を取り上げる．

　非母語話者の日本語についての研究は，「誤用」の研究が比較的古くから行われてきた．水谷信子(1994)や市川保子(1997，2000)のような研究である．また，非母語話者の日本語の習得研究が1990年代後半から特に盛んになり，すでに多くの研究の蓄積がある．迫田久美子(1998)や奥野由紀子(2005)，許夏珮(2005)，大関浩美(2008)のような研究である．このような研究によって非母語話者の日本語の研究が進んだのは確かであるが，指示詞や「の」，アスペクト，名詞修飾節のような言語形式の習得に焦点が当てられているため，コミュニケーションの教育には結びつきにくいという限界がある．

　非母語話者の日本語の研究には，コーパスも大きな役割を果たしている．「インタビュー形式による日本語会話データベース」や「KYコーパス」「日本語学習者会話データベース」などである．ただ，これらの

コーパスは基本的に非母語話者がインタビューに答える発話に限られているため、それ以外の能力を調べるときにはほとんど役に立たない。

コミュニケーションの教育に必要な「非母語話者のコミュニケーションの研究」というのは、非母語話者が実際の「聞く」「話す」「読む」「書く」というコミュニケーション活動をどのように行っているかという研究である。非母語話者のコミュニケーション活動にはどのような問題点があるのか、十分なコミュニケーション能力がないとき、どのような工夫を行っているのか、また、非母語話者にとっては何が簡単で、何がむずかしいのかを明らかにする研究である。このような研究の場合も、言語形式から出発するのではなく、コミュニケーション活動を行う具体的な状況から出発する必要がある。

たとえば「話す」活動で、雑談中に相手の言ったことに反論する場合を考えると、どんな相手に対してどんな内容のとき、どのような表現を使っているのか、あるいは、反論したくても言えないままで終わってしまうのかを調べる研究である。そして、そのような表現が相手にどのように受け止められるかという研究も必要である。

親しい友だちと雑談中、反論するときは婉曲的に丁寧に言わなければならないと思い、次の(34)のように言うような失敗例がある。相手は、いきなり「違う」と否定されたことや、言いさしの「けど」で何を言いたいのかがわからないことで、とまどうケースである。

　　(34)　違うと思いますけど……。大丈夫だと思いますけど……。

一方、同じ状況で、次の(35)のように言うような成功例もある。「そうかなあ」で相手の言うことを受け止めながらも疑問だということを伝え、「大丈夫じゃないかなあ」で、自分の思いを断定せずに知らせているため、相手によい印象を与えるケースである。

　　(35)　そうかなあ。大丈夫じゃないかなあ。

また、たとえば「読む」活動で、インターネットのホテル予約サイトで、宿泊客のクチコミを読む場合を考えると、日本語を読む能力がさまざまな非母語話者がどこをどのように読みとっているのか、どこがうまく読みとれていないのか、また、読むときにどんな推測をしたり、どん

なストラテジーを使っているのかを詳しく調べる研究が必要である。
　次の(36)のようなクチコミをたくさん読んでもらい，どこをどのようにしてどう読みとったかを逐一その人の母語で答えてもらうような調査である。辞書が必要なら，ネット上の辞書を使ってもらってもよい。

(36)　「今だけ破格プラン」で宿泊しました。金額的にはかなり不安でしたが，部屋も広くて申し分ありませんでした。朝食ブッフェは料理が寂しくて大満足とはいきませんでしたが，それ以外はよかったです。また利用させていただきます。

　そのとき，次の(37)から(39)のようなことが読みとれているかどうかを確認し，読みとれている場合は何を手がかりに読みとったのか，読みとれなかった場合はどこで引っかかったり間違えたりしたのかを詳しく引き出す必要がある。

(37)　宿泊料金は安かったか。
(38)　朝食ブッフェはよかったか。
(39)　全体的によい評価をしているか。

　そうした調査を積み重ねることで，ホテルのクチコミを読むときに必要な語彙や表現は何か，読み間違いをしやすい語彙や表現は何か，読むときに有効なストラテジーは何かといったことが明らかになれば，「読む」コミュニケーションの教育に結びついていくはずである。

　もちろん，もともと中国語などの漢字の意味を知っている人は，日本語を読むのに非常に有利である。そのため，日本語を読む教材も，もともと漢字を知っていたかどうかでまったく違うものにするほうがよい。そのため，このような調査をする場合も，もともと漢字を知っていた人とそうでない人を区別して行う必要がある。

　「雑談中に相手の言ったことに反論する表現」とか「ホテルのクチコミの読みとり方」という単位で考えると，非母語話者が実際コミュニケーション活動をどのように行っているかという研究は，何万，何十万という数が必要になる。そのような研究の積み重ねなしには，コミュニケーションの教育を実現するのはむずかしい。

8. コミュニケーション教育についての研究

この8.では，コミュニケーションの教育に必要な研究の3つ目として，「コミュニケーション教育についての研究」を取り上げる。

「コミュニケーション教育についての研究」として特に重要なものは，次の(40)から(42)だと考えられる。

(40) コミュニケーション教育のための教材の研究
(41) コミュニケーション教育の効果の研究
(42) コミュニケーション教育への移行についての研究

このうち(40)は，非母語話者が日本語を使う状況で必要なコミュニケーション能力を身につけられる教材を作るための研究である。具体的には，次の(43)や(44)のような研究である。

(43) どんな非母語話者が「聞く」「話す」「読む」「書く」のどんな状況でどんな日本語能力を必要とするかという調査
(44) 非母語話者が個々の状況に必要な日本語能力を身につけるのに効果的な説明や練習を明らかにする研究

(43)の調査は，非母語話者に「どんな日本語を聞く必要があるか」といったインタビューをしても，本当の実態がわかる結果は得られない。

たとえば，さまざまな年齢や職業の非母語話者の人たちに録音機やカメラを渡して，日本語で聞いたり話したり読んだり書いたりする必要があったことを記録してもらうといったニーズ調査が必要である。

「読む」ニーズの調査であれば，読む必要があったものをカメラで撮影したり，コピーしたり，メールやインターネットのページを保存したりしてもらう。同時に，それはどんな状況で何のために読む必要があり，そこから何を読みとりたかったのかを記録してもらう形になる。

この種の研究は，宇佐美洋(2010)など，少しずつ増えてきているが，この専攻のこの学年の大学生が読む必要がある具体的な書籍や論文といったレベルの詳しい調査がないと，よい教材には結びつかない。

一方，前の(44)の「効果的な説明や練習を明らかにする研究」というのは，個々の状況から出発して，その状況で必要になる日本語能力をどうすれば効果的に身につけられるかを明らかにする研究である。

新屋映子・姫野伴子・守屋三千代(1999)や野田尚史(編)(2005)のように，これまでの日本語教材の問題点を指摘する研究は増えている。ただ，まったく新しいコミュニケーションのための教材を作るためには，さらに膨大な研究が必要である。
　また，『大学生と留学生のための論文ワークブック』や『ロールプレイで学ぶ中級から上級への日本語会話』など，「聞く」「話す」「読む」「書く」のどれかに特化し，実際のコミュニケーション活動を意識しながら，さまざまな工夫がされた教材も数多く開発されてきた。ただ，ほとんどは中級以上のレベルの教材である。初級レベルではこれまでどおりの教育を行うことが前提になっているように見える。
　初級レベルから，個々の状況で必要になる日本語能力を身につけられるようにする教材というのは，電話番号を聞きとる練習を例にすると，たとえば，次の(45)から(48)のような構成になっているものである。

(45) 電話番号の言い方についての基本的な説明：1つずつ区切って数字が言われる，「－」は「の」と言われることがある，「0120」で始まるのは無料電話の番号といった説明。

(46) 電話番号の数字を1つずつ聞いて，その意味を覚える練習：「いち」は「1」，「にー」は「2」，……，「ぜろ」は「0」，「れい」も「0」，「まる」も「0」だと覚える練習。

(47) 1つから4つの連続した数字を聞きとる練習：最初は1つの数字を聞いて，その意味を答える練習。それを順に「さんはちまるろく」のような4つの連続まで増やしていく。

(48) 電話番号全体を聞きとる練習：たとえば「ぜろはちぜろ，きゅうろくよんごー，なななはちきゅう」を聞いて，その意味を答える練習。

　同じように数字を聞きとると言っても，値段を聞きとる練習はまったく別に作るべきである。値段では1ケタより3ケタや4ケタの部分を聞きとることが現実的には大事になる。「いちえん」「にえん」からではなく，「ひゃくえん」「にひゃくえん」の練習から始めるのがよいだろう。
　このような練習では，さまざまな言語での説明や，たくさんの練習問

題が必要になる。教科書では実現できないので、必然的にパソコンを使うことになるだろう。

次に、前の(41)の「コミュニケーション教育の効果の研究」というのは、コミュニケーション教育のための新しい教材を使ったときの教師や学習者の評価を分析したり、効果を測定したりする研究である。

「文型を積み上げていかないコミュニケーションのための教材では応用力がつかない」という声があるが、それは言語学的な研究の論理で「文法的な要素を組み合わせて複雑な文を作る」という応用を考えているだけだろう。文の構造を中心とした学習をしただけでコミュニケーションに応用できるのは、「語学的な勘がよい」人だけだろう。さまざまな状況でのコミュニケーションの方法を学習できる教材を作っていけば、さまざまな状況でのコミュニケーションに対応できるはずである。

どんな教材であれば、さまざまな状況に対応できる「応用力」がつくのかという実証的な研究がぜひ必要である。

最後に、前の(42)の「コミュニケーション教育への移行についての研究」というのは、文の構造を教えることを中心にしたこれまでの教育をコミュニケーション中心のものに移行するのを阻んでいる要因を明らかにし、その移行をうまく進める方法を開発する研究である。

母語話者の教師でも、日本語教科書の不自然な例文を不自然だと感じなくなっていることが多い。非母語話者の教師は、これまでの教育で成功した人たちなので、自分が受けてきた教育がいちばん効果的だと思っていることが多い。そのような現状を詳しく調査し、また、その現状を変えていく教師研修のプログラムを開発する研究なども必要である。

9. まとめ

この論文では、日本語教育を言語の教育からコミュニケーションの教育に変えるためには、日本語教育のための研究も言語の研究からコミュニケーションの研究に変える必要があることを主張した。

そして、コミュニケーションの教育を行うためには、次の(49)から(51)のような研究が必要であることを述べた。

(49) 母語話者のコミュニケーションについての研究：たとえば，どんな研究論文にどんな謝辞を書くことが多いのか，そのときどんな表現が使われるのかを詳しく調べる研究

(50) 非母語話者のコミュニケーションについての研究：たとえば，非母語話者がホテルのクチコミを読むとき，どんな推測をしているか，どこが読みとれないかを詳しく調べる研究

(51) コミュニケーション教育についての研究：たとえば，電話番号を聞きとる練習など，初級レベルのコミュニケーション教材を作り，その効果を明らかにする研究

なお，野田尚史(2010)では，日本語教育に必要なコミュニケーション研究について，日本語研究との関係を中心に別の角度から述べている。あわせてご覧いただきたい。

調査資料

インタビュー形式による日本語会話データベース，北九州市立大学国際環境工学部情報メディア工学科上村研究室，1996・1997
　　(http://www.env.kitakyu-u.ac.jp/corpus/).
『応用物理』，応用物理学会.
KY コーパス，鎌田修・山内博之，1999.
『生物科学』，日本生物科学者協会(編集・発行)，農山漁村文化協会(発売).
『大学生と留学生のための論文ワークブック』，浜田麻里・平尾得子・由井紀久子，くろしお出版，1997
日本語学習者会話データベース，国立国語研究所，2010
　　(http://dbms.ninjal.ac.jp/nknet/ndata/opi/).
『日本歴史』，日本歴史学会(編集)，吉川弘文館(発行).
『みんなの日本語　初級Ⅰ　教え方の手引き』，スリーエーネットワーク(編)，スリーエーネットワーク，2000.
『みんなの日本語　初級Ⅰ　本冊』，スリーエーネットワーク(編)，スリーエーネットワーク，1998.
『みんなの日本語　初級Ⅱ　本冊』，スリーエーネットワーク(編)，スリーエーネットワーク，1998.

『ロールプレイで学ぶ中級から上級への日本語会話』，山内博之，アルク，2000.

引用文献

市川保子(1997)『日本語誤用例文小辞典』イセブ(発行)，凡人社(発売).

市川保子(2000)『続・日本語誤用例文小辞典——接続詞・副詞——』イセブ(発行)，凡人社(発売).

宇佐美洋(2010)「実行頻度からみた「外国人が日本で行う行動」の再分類——「生活のための日本語」全国調査から——」『日本語教育』144, pp. 145-156, 日本語教育学会.

大関浩美(2008)『第一・第二言語における日本語名詞修飾節の習得過程』くろしお出版.

奥野由紀子(2005)『第二言語習得過程における言語転移の研究——日本語学習者による「の」の過剰使用を対象に——』風間書房.

川口義一(2007)「第二言語文法指導における「自然さ」の設計」『日本語論叢』特別号(岩淵匡先生退職記念), pp. 13-25, 日本語論叢の会.

許夏珮(2005)『日本語学習者によるアスペクトの習得』(日本語研究叢書17), くろしお出版.

現代日本語研究会(編)(1997)『女性のことば・職場編』ひつじ書房.

現代日本語研究会(編)(2002)『男性のことば・職場編』ひつじ書房.

迫田久美子(1998)『中間言語研究——日本語学習者による指示詞コ・ソ・アの習得——』渓水社.

新屋映子・姫野伴子・守屋三千代(1999)『日本語教科書の落とし穴』アルク.

野田尚史(2010)「日本語教育と日本語研究の新しい関係を目指して」，トムソン木下千尋・牧野成一(編)『世界の日本語教育——日本研究との連携——』pp. 127-143, ココ出版.

野田尚史(編)(2005)『コミュニケーションのための日本語教育文法』くろしお出版.

水谷信子(1994)『実例で学ぶ誤用分析の方法』アルク.

第1部

母語話者の日本語コミュニケーション

非母語話者にはむずかしい母語話者の
日本語コミュニケーション

カノックワン・ラオハブラナキット・片桐

1. この論文の主張

　日本語学習者の増加とともに，急速な多文化多言語社会化が進んでいる中，日本国内でも海外でも日本語母語話者と非母語話者が接触する場面が広がっている。接触場面での円滑なコミュニケーション能力の育成が日本語教育の目標の1つであるとすれば，非母語話者の視点から母語話者のコミュニケーションを捉える必要があろう。そこでこの論文では，コミュニケーション場面の実例をもとに非母語話者にとってむずかしい日本語のコミュニケーションの実態を探り，(1)を主張する。

　　（1）　非母語話者は，日本語コミュニケーションにおいて重要な存在である相手とどう接し，相手の意図をどうくみ取り，それにどう反応するかという「相手との関わり方」をむずかしく感じている。こうした点に注目する研究が必要になる。

　最初に，2.で非母語話者が捉えている日本語コミュニケーションの問題について次のようなことを述べる。

　　（2）　非母語話者の認識では「日本語コミュニケーションはあいまいな表現があるからむずかしい」と捉えているが，あいまいな表現の存在よりも，表現に潜んでいる相手との関わり方に気づいていないためにむずかしく感じているのである。

　次に，3.から7.では「相手との関わり方」という観点で，非母語話者にとってむずかしい日本語コミュニケーションの実態について次の(3)

から(7)を述べる。
- (3) 相手に必要な情報と不要な情報を区別し伝えることはむずかしい。母語話者は状況に合わせて相手に必要な情報を具体的に伝え，相手に不要な情報は伝えないようにしている。
- (4) 相手の気持ちや行動に言及するのはむずかしい。母語話者は相手の気持ちや行動についての直接の言及を避け，話し手の気持ちや行動の観点で述べたり，状況に絡めて説明したりする傾向がある。
- (5) 日本語コミュニケーションのペースを保つのはむずかしい。母語話者は少しずつ相手の状況や気持ちを確認しながら用件を伝えていくが，非母語話者にはそれがうまくできない。
- (6) 状況に応じて相手との距離を適切に調整するのはむずかしい。母語話者は，常に変化する相手との関係に応じた言葉づかいと言語行動をとっている。
- (7) 発話を受けて即座にかつ適切に反応するのはむずかしい。母語話者のようにネガティブな感情の表出を控えたり，相手の意図をくみ取りフォローしたりするのがむずかしい。

そのあと，8.では，これから必要とするコミュニケーションの研究について述べる。具体的には，次の(8)を提案する。
- (8) 「相手」を軸とする研究内容が必要である。これからの研究はデータが勝負なので，理論的な枠組みにとらわれず，相手の言語行動とその意図が確認できるように適切なデータの収集法を選ぶべきである。

2. 日本語コミュニケーションのカギは「相手」

非母語話者は日本語コミュニケーションをどう思っているのだろうか。山本千津子(2005：p. 85, p. 92)では，「日本語ではあいまいさが好まれるから直接的に表現してはいけない」という学習者の捉え方を紹介している。また，笹川洋子(1996)は，196人の外国人留学生に自由記述調査を行い，日本語のコミュニケーションにおいてどのような状況で問

題を感じているかを質問したところ，多くの留学生が日本語のあいまい表現が大きな問題と答えたことを報告し，回答から日本語のあいまいさのパターンを「間接表現」「婉曲表現」「省略表現」に分けている。

「間接表現」はたとえば「ええ，ええと言って，ずっと聞いていた人に最後に反論され驚いた」(p. 60)という回答である。非母語話者は「ええ，ええ」のようなあいづちを「同意の表明」と受け取っている。日本語のあいづちが必ずしも同意を表すものではないと指摘したのは李善雅(2001)である。李善雅は母語話者と韓国人学習者の議論の場のあいづちを比較し，母語話者は自分の主張に反対あるいは対立する話し手の意見に対しても頻繁にあいづちを打っているのに対して，韓国人学習者は自分に同意している話し手の発話に対してあいづちを多く使うと述べている。このことから，日本語のあいづちは，「話を聞いている」「相手が意見を述べやすい雰囲気を作る」という働きがあるとしている。回答した非母語話者はこのことに気づいていないため驚いたのであろう。

「婉曲表現」はたとえば「結婚式に誘われたが，ご迷惑じゃないでしょうか等の否定的な表現が多く，行かない方がいいかなと考えた」(p. 61)という回答である。ザトラウスキー(1993：p. 1, p. 83)では勧誘の際「ご迷惑じゃないでしょうか」のような表現を用いるのは米国の習慣では相手が自発的に断るように仕向けるときで，氏も日本人の友人に誘われたときにこうした表現を言われて大変ショックを受けた経験があると述べている。氏はそのあと勧誘の談話データを考察し，こうした表現を用いるのは，勧誘者が被勧誘者に気を配るために用いるものだと解釈している。回答した非母語話者は「ご迷惑ではないでしょうか」の本当の意図が読み取れなかったため理解できなかったのであろう。

「省略表現」はたとえば「言葉が途中で切れ，述語もないので何を言うのかわからない」(p. 62)という回答である。水谷信子(1989)はこうした表現を「省略(leaving unsaid)」と呼び，次の例をあげている。

　　（9）　A：じゃ，そろそろ…。
　　　　　B：でかけましょうか。　　　　　（水谷信子1989：p. 57）

水谷信子(1989)は（9）を自分の発話を完全なものとして言い尽くして

しまわずに，相手にその先を言わせようとするものだと述べている。また，水谷信子(1993：p. 6)は，日本語の話し方が欧米型の話し方と異なり，必ずしも1人の話し手が完結させるのでなく，話し手と聞き手の2人で作っていくものだと指摘している。回答した非母語話者は話し手の発話を一方向的に捉えているため，理解できなかったのであろう。

非母語話者がむずかしいと思っている日本語コミュニケーションの多くは，コミュニケーションの相手との関わりについてのものであるが，非母語話者は相手との関わりを切り離し，話し手側中心にコミュニケーションを解釈しようとしているため，「日本語にあいまい表現があるからむずかしい」と結論付けてしまい，日本語コミュニケーションの本来の姿が見えなくなっているのではないだろうか。すなわち，相手が意見を述べやすい雰囲気を作るためにあいづちが使われること，勧誘の際に相手が断りやすいような気配り発話が使われること，相手に言わせることで自分主体で発話を押し進める印象をなくすことといった本来の日本語コミュニケーションの姿に非母語話者は気づいていないのである。

日本語ではあいまい表現が好まれるという考えは表面的な解釈である。日本語コミュニケーションを正しく理解させるためには，この考えから脱出させ，相手との関わりに焦点を当てさせなければならない。日本語コミュニケーションの研究にもそのような方向性が必要である。

3. 必要な情報とそうではない情報の区別

コミュニケーションの相手との関わりを考えるにあたり，相手がどんな情報を必要とし，どんな情報を必要としないのかを把握することが重要である。非母語話者にとって，相手に必要な情報と相手に不要な情報を区別し適切に伝えることはむずかしい。次の(10)は，日本の大学宛に書かれた非母語話者の留学志望理由書である。相手に必要な情報と不要な情報の区別ができていない例である。

(10) 私の先生はよくあいまいな言葉を使っています。例えば，私は先生に「先生，このテーマはいいですか。書いてもいいですか。」と聞いて，「まあ，いいけど。」と言われました。私

は先生の意味がいいかどうかわかりませんでした。私は友達に聞いてみたら、だれも意味がわかりませんでした。私はもっと日本人の表現がわかりたくて、深く学びたいと思っています。

　K大学には日本社会・文化に関するフィールドワークの授業があるので勉強したいと思います。この授業は、日本語・日本文化研修生を研究テーマ毎にグループに分けた共同調査班によるフィールドワークのグループです。だから、私はこれを学びたく日本人のあいまいな言葉というテーマを研究したいと思います。そして、私がたくさん日本人の友達がほしいです。私たちはお互いに経験を交換し合えるからです。それに、留学しているうちに、新しい経験ができるため、したことのないことがしたいと思っています。例えば、自分で食事をしたり、洗濯したり、アルバイトをしたりするということです。

　留学した経験を帰国後、通訳になりたいです。私は通訳になったからといって、私の日本語が上手だとは言えません。ですから、私はずっと日本語を学び続けようと思います。

　以上の理由で貴大学の留学プログラムに応募しました。

　興味あるテーマについて、「あいまい表現を研究したい」との記述にとどまり、どのような表現を指し、どのように研究したいのか具体的な提示はない。また、相手の方がよく知っているはずの授業の情報が断定的に書かれている。さらに、「日本人の友達がほしい」「自分で食事したり洗濯したりアルバイトしたりしたい」のような、K大学と全く関係ない個人的な話や、帰国後の希望として、K大学に留学しなくてもできるような個人の願望が書かれている。具体的な情報と私的情報を混同している。

　これを読んだK大学の担当者はどう思うだろうか。「うちの大学で何をしたいのだろうか」「うちの大学の授業のことだから、言われなくてもわかっているよ」「うちの大学に来なくても自分で食事したり洗濯し

たりすることができるのではないか」と思うにちがいない。留学を断られる可能性さえある。相手が必要とする具体的な研究内容を十分に伝えず，相手の方がよく知っているはずの情報や，必要としない私的情報を必要以上に伝えることによって悪い印象を与えてしまっている。

　相手に必要な情報とそうでない情報の区別ができない例をもう1つ見る。西村史子・鹿嶋恵(2001)は，母語話者と中級日本語学習者を対象にお詫びの手紙文を調べている。「東京在住の先生に長い間本を借りたまま近々上京の予定があるのでその折に返す」という内容の手紙を両グループに書かせた結果，本を返していない理由として両グループとも多く使われた「忙しい」の理由を見ると，母語話者の方がより詳しく具体的に述べる傾向があるとして，(11)と(12)の例をあげている。

　(11)　［非母語話者での「忙しい」の例］
　　　　実は仕事を忙しくなります。
　(12)　［母語話者での「忙しい」の例］
　　　　実は，先週から始まりました国際会議の役員を引き受けてしまい，先月も今月も多忙な毎日のため，なかなか読むことができませんでした。

　母語話者は具体的な状況を理由に言及しているが，非母語話者はあまり具体的な理由を述べていないため，不誠実に感じられる。

　しかし，理由を述べるとき，必要以上に理由を何度も述べるとかえって悪い印象を与えることになる。とりわけ，自分に関する情報であれば注意すべきである。藤森弘子(1995)は，断る際の「弁明」を調べ，母語話者と比べて中国人・韓国人学習者には「弁明の多用現象」があると指摘している。だが，この現象は中国人・韓国人に限ったものではない。次の(13)がその例である。〈　〉内は誘う側のあいづちを示す。

　(13)　［富士山を登りに行かないかと誘われた非母語話者A］
　　　　　　A：富士山，高いですよね。〈うん〉でも，面白いですね。
　　　　　　　　ですけど，私，毎日があのう，病院行って先生の仕事を
　　　　　　　　手伝って〈ああ〉今はあまり夏休みじゃなくて〈ああ〉
　　　　　　　　あのう，先生の仕事は9月にしなければならないので，

　　　　　　１日に先生の仕事したら，１人１人ずつたぶん患者さん
　　　　　　は100人あるので，その患者さんについて，いろいろな
　　　　　　ことをコンピュータで，集計して，それを目指したら，
　　　　　　<u>１人に３回しなければならないので，それをやったら，</u>
　　　　　　<u>１日に患者さんは１人はあまりできない</u>。ですから，そ
　　　　　　れを毎日やっても９時までは，時間はないんですけど。
　　　　　　〈ああ〉ですから，悪いですね。
　非母語話者Ａの日本語能力があまり高くないため，理由の説明にはある程度の長さは必要だが，それにしても「時間がない」を説明するために患者の数や自分の仕事の細かい点まで言及する必要はない。「弁明がましい」というマイナスの印象を与える可能性がある。
　非母語話者に見られるもう１つの不要な情報の出し方として，高い自己評価を相手に伝えるというものがある。次の(14)(15)の非母語話者のメールがその例である。
　　(14)　7/8－7/16の○○の件は，<u>私が早く動きましたので</u>，通訳
　　　　　手配は下記の通りご報告いたします。
　　(15)　G社の仕事が無事に終わりました。<u>G社のＯさんは「とても</u>
　　　　　<u>助かりました。感謝しています」</u>と言って別れました。
　日本語のコミュニケーションでは自分についての高評価を表面に出すのはよくない。下線部は相手を不快にさせる可能性がある。
　具体的かつ過不足ない情報を発信することはむずかしいだけでなく，情報発信の選択を誤ると相手に誤解を与えることもある。相手にとって必要な情報と不要な情報を区別する研究が必要である。

4．相手の気持ちや言動にふれるときに戸惑う

　相手とのやりとりの中で，相手の気持ちや言動について語りたい，または質問したいという状況が出てきたときに，非母語話者は戸惑う。
　特に，相手が目上であれば，失礼にならないかと気をつける。目上の人に願望表現を使って直接に尋ねてはいけない(「何が食べたいですか」)とか，目上の人をほめてはいけない(「上手ですね」)というようなよく言

われる話を知っていても，実際にコミュニケーションを行う中で，相手の気持ちと言動への言及をどのように避ければいいのか，代わりに自分が伝えたいことをどういう形で伝えればいいのかわからない。

　たとえば，次の非母語話者のメールを見てみよう。自身の悩みについて担当教員にアドバイスを求めたいようだが，直接アドバイスを求めすぎているため失礼な印象を与える可能性がある。

　　(16)　[非母語話者が日本人教師に出したメール。その教師と相談して修士論文の研究テーマが決まったが，別の教師（E先生）から否定的なコメントをもらったので困っている]
　　　　　E先生に○○（テーマ）についてやっている人がいるといわれていますが，どうすればいいと思いますか。(略)では出来たものを御指導をいただくため明日持って行きます。

　母語話者なら，「…といわれて，どうしたらいいか悩んでいます」と書くだろう。相手の意見を直接求めるよりも自分が一生懸命考えている状況を述べて相手に察してもらう方が丁寧である。

　このあと，メールをもらった教師は励ましのメールを出した。励まされた非母語話者は次のように教師宛にメールを書いた。

　　(17)　メールありがとうございます。みんなへのいい応援になりました。特にはわたしです。

　これも失礼な言い方である。非母語話者は相手である教師の言動に言及することを避けるつもりで「～になりました」という表現を使ったが，それでも，相手の言動を評価しているような印象は消えない。

　この場合は，母語話者なら「みんな大変励まされました。特に私は勇気づけられました。」のように，いい言葉をいただいたことで自分がどう感じたかを言うであろう。日本語コミュニケーションでは，特に目上の相手の場合には，相手の言動に直接にふれるのを避け，自分の気持ちや言動の観点から述べる。

　次の(18)は相手の教師の行動を促すニュアンスになり，教師に指示しているように聞こえる。それよりも(19)のように自分が動くことを言う方が丁寧である。

(18)　12時に工学部の喫茶店でよろしくお願いします。
　　(19)　12時に工学部の喫茶店でお待ちしております。
　また自分の観点からだけではなく，状況を説明することで相手に意図をくんでもらうという伝え方もある。
　　(20)　［非母語話者が日本人教師に出したメール］
　　　　　お世話になっております。推薦状に関しまして7月23日にメールを送りましたが，今日はNさんによると，先生はメールをもらわなかったそうです。メールが届かなくて，本当に申し訳ありません。そのため，もう一度メールを送ります。
　(20)は人から聞いた話であり自分の言動と関係ないので，自分の言動の観点で述べることができない。それでも，母語話者なら，相手の言動にふれることを避け，「メールがきちんと送信されていなかったようです」とコンピュータの状況を説明して伝えるだろう。
　相手に苦情を言う場合でも，(21)よりも状況を説明する(22)がよい。
　　(21)　野良犬にえさをやっていますか。
　　(22)　どなたか野良犬にえさをやっているみたいですね。
　このように，母語話者のコミュニケーションでは，相手の気持ちや言動への言及を避ける傾向があり，代わりに話し手の気持ちや言動の観点から述べたり状況的に説明したりして相手に伝えている。しかし，各場面における言及で，どのような避け方が適切なのか非母語話者にはわからない。母語話者はどのように相手の気持ちや言動への言及を避けているのか，そのストラテジーの研究が必要である。

5．相手とのネゴシエーションがむずかしい

　相手との関係を良好に保ちながらコミュニケーションの目標を達成するのは，非母語話者には容易ではない。特に聞き手に不利なことであればよりむずかしい。たとえば，断るための明確な理由はないが，やりたくないから断りたい場合である。相手との関係を良好に保つために，適当にうそをついて断ったり，その場で言わず約束の場所に現れなかったり，直前になって急にできないと言ったりするケースもある。母語話者

ならどうするだろうか。その場合，情報を要求したり，提案したり，「うん，どうしようかなー」「困ったなー」のような否定的な態度を「少しずつ」示したりして相手に理解させるストラテジーを使用するということがカノックワン(1995)で述べられている。
　「少しずつ」示すというのがポイントである。断りのような言いにくい場面に限らず，普通の母語話者のやりとりでもこうした少しずつ進める傾向が見られるのである。一方的に内容を伝達するのを避け，大まかな話題や背景を相手に知らせてから，少しずつ相手の状況や気持ちを確認しつつ具体的な事柄や詳細を伝えていく方法，いわば聞き手とのネゴシエーションを大事にする方法が好まれる。キィ・ティダー(2002)は日本語とビルマ語の申し出表現を比べて，ビルマ語では前置きなしで本題のみ言うことが多いが，日本語の資料では，すぐに本題に入らず，前置きを言い，相手の反応を待ち，相手の状況や気持ちを確認してから，それによって行動を始めるとしている。
　同様な指摘は柏崎秀子(1992：p.61)にも見られる。非母語話者は用件内容を述べる際に，相手の反応やあいづちを待たず，自分のペースで進めているので唐突な感じがするとしている。日本語コミュニケーションの「少しずつ」のペースを知らないものと思われる。
　次の(23)と(24)の電話での自然会話を比べよう。(23)はアジア圏の非母語話者同士，(24)は母語話者同士の会話である。両方とも相手との関係はやや親しいもので，久しぶりに会話をして誘うという同じ状況であるが，会話を進めるペースがかなり異なっている。わかりやすくするために，あいづちや同時発話などを多少削除し単純化して示す。

　　(23)　［非母語話者同士の会話］
　　　　　A：あ，もしもし，Aですけど。こんにちは。
　　　　　B：こんにちは。
　　　　　A：ああ，元気ですか？
　　　　　B：ああ，元気です。
　　　　　A：なんかね，あのう，久しぶりですね。
　　　　　B：うん，そうですね。

A：なんか，あのう今日夕御飯は一緒に食べましょうか。
B：ええと，今日はですね。実は，約束が友達と約束があるんですけど。
A：あ，そう？

(24) ［母語話者同士の会話］
A：もしもし。Aですけど。
B：あ，どうも。こんばんは。
A：お久しぶりです。
B：あー，お久しぶりです。
A：お元気ですか？
B：あー，まー，ぼちぼち。
A：あ，ぼちぼち，声でわかりました？
B：あ，ちょっと。
A：うーん，あのー，今夏休みでしょ？
B：後2日。明日まで。8月一杯だから。
A：あ，そうか。今バイトに来てる子も大学生なんだけど，その子は9月の半ばまで休みだって言ってたから。［夏休みが大学によって違うという内容の発話］
A：あ，なんだ，いや，まだ2週間くらい休みがあるのかなと思ってさ。来週ぐらいに映画でも見に行こ，行かないかなと思って。
B：あー，映画かー。いいなー。
A：でしょ？最近何か，何だっけディズニーの映画があったでしょ？［ディズニー映画についての発話］
A：それ，それさ，すごい気に入ってさー。何かすごい見たいなと思ってたんだけどさー。どう？
B：まだ見てないの？
A：うん，まだ見てないんだ。あ，もう見ちゃったの？
B：いや見てないけど。最近ずーっと映画見ていないから。
A：あ，そう，いいと思わない，あれ？

B：うーん。
A：何かでも新聞にはさ。［新聞の内容］
B：へえ。
A：会社の人見に行って。いいとか言ってたんだけどさ。
B：あ，ほんと。うーんと，来週か。私はでも，授業が始まっちゃうんだよね。
A：あーそうか。

　(23)の非母語話者の会話では，誘う人が簡単な挨拶のあと，「久しぶりですね。」と言ってすぐに誘う行動を始めるので，唐突な印象を与えている。これに対して，(24)の母語話者の会話では，誘う人が挨拶のあと「声でわかりました？」と言ったり，「大学の夏休み期間」の話をしたりしてから徐々に誘いの行動をする。誘いも一度に情報を与えるのではなく「いいなー」とBの肯定的な反応を見て，ディズニーの映画の話をしたり，気に入った映画の話をしたりして徐々に情報を与える。Bが「まだ見ていないの？」と言うと「あ，もう見ちゃったの？」と一歩引いたり，Bの「うーん」と「へえ」の反応に合わせたりして誘う行動を再開する。このように，相手の反応を見て状況と気持ちを確認し会話を進めるのが母語話者の方法であり，非母語話者との違いである。
　「少しずつ」相手とネゴシエーションをするこの特徴は，話す場面だけではなくて，書く場面にも見られる。しかし，書く場面の場合は，相手の状況，気持ち，反応または非言語的な表情や態度が確認できない制約があるため，話す場面と違う形で表すことになる。たとえば，相手が断る余地を用意したり，自分が決め付けるような態度を出さずに，相手の決定権を大事にしたりするようなことである。
　非母語話者の留学志望理由書には，たとえば「貴大学の授業は私にぴったりだと思いました。貴大学に留学することにしました」というような唐突な文章がしばしば見られる。日本語コミュニケーションの観点から見ると，勝手に留学を決められ強引な印象を与える文章である。
　話し手が決め付けない，すなわち，相手に決定権を委ねる日本語コミュニケーションでは，表現の使い分けがある。次の例を見よう。

(25)　［非母語話者が日本人教師に書いたメモ］
　　　おはようございます。私は○○です。日本語のチェックをしてくださいますか。ありがとうございます。

　読んだ先生は「勝手に決めないで！まだやると決めていないのに」と思ってしまうだろう。「よろしくお願いします」ならそういう気持ちにはならない。「ありがとうございます」は相手がしてくれるという承諾を既に得たという前提のもとで使われるものである。承諾を得ていない場合は「よろしくお願いします」を使わなければならない。相手の承諾ありとなしによって表現の使い分けがあるということは，言い換えれば日本語では相手の決定権を大事にしているということである。
　「少しずつ」「段階を踏んで」「決め付けない」というコミュニケーションの過程に着目した研究はまだ少ない。話す場面だけではなく，書く場面においても，これからもっと注目すべきであろう。

6.　相手との距離を調整するのも至難の業

　国外で日本語を学習し日本に留学することになった非母語話者が，最初のころはうまく普通体で話せず，日本人の友達がなかなかできないということがある。しばらくしてドラマなどを通して普通体で話せるようになっても，今度は目上の人と話すときに，時々普通体を使ってしまう。丁寧体と普通体の使い分けとそのスタイルシフトはむずかしい。
　しかし，目上の人・親しくない人には丁寧体，同等・目下の人・親しい人には普通体のようにスイッチができるようになっても，実際のコミュニケーションではこの単純なルールが適用できない場合もある。
　たとえば，普段の会話では普通体で話しているのに，メールになると同じ相手でも丁寧体になることもある。また，同じ相手と同じ場面でも，普通体と丁寧体の混合というのもある。たとえば，(24)の母語話者の会話では「お久しぶりです」「お元気ですか」のように開始部では丁寧体を使うが，内容に入ると普通体を使うようになる。メイナード(2001)が指摘する母語話者のスタイルシフトの現象である。
　人と人との関係は固定されたものではなく，動的に変わっていくもの

である。親しくなり丁寧体を脱出したいと思っていても，どの時点でどの場面でシフトすればいいのかわからないのも非母語話者の悩みである。相手との関係そして場に合わせたスタイルの選択だけではなく，常に変化する相手との関係に応じたスタイルシフトはむずかしい。

　常に変化する相手との関係において，相手との距離を縮めたいと思い，相手の領域に踏み込みすぎて不愉快な思いをさせてしまうケースもある。「最近太ったね」「結婚しているのになぜ子供を作らないの？」のようなプライベートなことについての発言などである。仲良くなりたい，距離を縮めたいという思いがあってこうした発言をするアジア圏の非母語話者がいるようだが，日本語のコミュニケーションでは仲良くなりたいからする発言ではなくて，仲がよくなってからする発言であり，また，仲がよくなってからでもしない場合さえある。金城尚美(他)(2007：p. 34)では，母語話者から「感じのよい人」と高く評価されているある非母語話者の発話を観察し，印象の良し悪しを決める要素の1つとして「プライベートなことは話さない」「相手の感情を害しそうな話題を避け，平凡な話題を選ぶ」などのような配慮があげられている。

　相手との関係は常に変わるものである。これからの研究はコミュニケーションを動的に捉える必要がある。同じ相手でもいつ，どのようにスタイルシフトすればいいのか，同じ相手でも関係の変化によって許容される話題や冗談の内容は何か。こうした実態研究も必要である。

7.　適切な反応と日本語話者の品格

　「かわいくてやさしい人なのに発言が時々きつく感じることがある」と言われてショックを受けた非母語話者の話がある。日本語が聞き取れなかったときに，「え？」ではなくて「は？」と聞き返すからだという。日本語の「は？」は，本当にそんなことをいうのかと相手を非難しながら問い返すときに使うということに気づいていないからである。

　また，「納豆は大丈夫ですか」という質問に対して「臭いから嫌いです」と答えたり，レストランで自分が注文した料理が品切れだという予想外の知らせを聞いてがっかりしたときにその場で「やだー」と反応し

たりする。本人はその場の話題をどう感じているか表したかったようだが，品格のある母語話者のコミュニケーションでは，こうしたネガティブな気持ちの表出はその場にいる相手に不快感を与えたり，その場の雰囲気を害したりすることになるので避けられる。母語話者なら，嫌な気持ちがあっても公共の場でストレートにそれを表さない。納豆が嫌いであれば「納豆はあまり…」と言葉を濁したり，びっくりしたときやがっかりしたときでも小さい声で「えっ？」と反応したりする程度である。

即座にかつ適切に反応するということに関して，むずかしいのは言語的なコミュニケーションだけではない。理解しにくいことを聞いたり読んだりしたときに，相手の前で顔をしかめたり舌打ちをしたりする非母語話者の行動が時々見られる。非母語話者はこうした表情は相手に対してではなく，むずかしい話に対してしたつもりであるが，日本語コミュニケーションではそのような解釈にはならない。その場にいる相手に対して不快感や敵意を持つ意味になってしまうのである。話し手の気持ちや表情が相手に対する判断と態度として，全て何らかのメッセージとして伝わるのである。

こうした捉え方の差により，非母語話者が聞くまたは読む立場になったときに，反対に母語話者の態度に気づかず正しく反応できないことがある。猪崎保子（2000：p.142）では，依頼の接触場面を取り上げて，フランス人の非母語話者の「車を貸してくれませんか」を受けた母語話者が「やー，お父さんに聞いてみないとわかんないけど」「何日ぐらい（借りるの）？」「（1ヵ月の答えに対して）1ヵ月か」「長いね！」という「注目表示」を続けて出しているのにもかかわらず，依頼者の非母語話者は上記の発話のどれに対しても，ただ「ふんふん」と言っただけで，母語話者の「依頼に困っている状況を察してほしい」という態度に気づかず正しく反応できない例を紹介している。

非母語話者にむずかしいのは母語話者の態度に気づくことだけではない。母語話者の態度にうすうす気づいても的確に意図をくみ取ってフォローすることもまたむずかしい。次の例は母語話者A（男性）と非母語話者B（女性）の携帯メールのやりとりである。注目してほしいのは，下線

のAの気配り発言とそれをフォローしようとするBの発言である。

(26) A：例のご飯の話ですが，今日か明日の夜はどうですか。
　　　［何を食べるかについてのやりとり（略）］
　　　20：49の○○（電車名）に乗ってもらえば○○（待ち合わせ場所）で2時間あります。ただ，(帰りは)00：27○○（Bの家の最寄駅)着になるから大変ですか？
⇒B：わかった(^^) ○○（電車名）に乗ればいいよ。で，どの駅降りればいいの？
　A：たぶん終電は大丈夫と思いますが，間に合わないこともあるかもしれません。無理はしなくていいですよ。
⇒B：今，駅の途中まで来たよ＝33　私は大丈夫だよ。A君は？都合よくなければ，明日にする？
　A：明日は18：00までバイトで，そのあとから帰省の準備なので，難しいと思います(汗)寒いでしょうし，無理しなくていいですよ(＞＜)。
⇒B：今，駅に着いたよ＝33　どうするの？都合よくなかったら，私帰ってもいいよ ^^"
　A：行きますか？なら，できれば，さっき送った時間の○○（電車名）に乗ってほしいです。
　B：了解!!じゃ，また後でね！

母語話者の男性（A）はやりとりの中で，「大変ですか」「無理しなくていいですよ」があるように，非母語話者の女性（B）の帰りを心配して気配り発言を頻繁に出している。一方，非母語話者のBは自分の帰りや終電のことを気にせず，「どの駅降りればいいの？」と積極的に聞いたり駅に向かったりしている。その後，母語話者のAの気配り発言に気づいて，「都合よくなければ，明日にする？」や「都合よくなかったら，私帰っていいよ」と返事をしてフォローしたが，どれもAが心配している帰りの終電とは違う方向である。2人は結局食事することになったが，Bの感想を確認したところ，「無理しなくてもいいと2回も言われて，本当に自分と食事したかったのかどうか途中でわからなくなった」と述

べてくれた。また，Aの意図を確かめたが，やはり夜1人で女性を帰らせるのはよくないと思うやさしい気持ちがあったようである。

　日本語は察しの言語だと言われている。相手がはっきり言わなくてもその気持ちを察して，相手が話しやすいようにフォローするのは品格のある日本語話者の行為だとされているが，これは簡単なことではない。テレビ番組のインタビューの場面で，むずかしい質問をして相手が考え込んだときに「答えにくいですよね。じゃ，…（他の質問をする）」と相手の気持ちを察してフォローするアナウンサーを見ると，「（納豆は）臭くて嫌いです」と答えたかわいくてやさしい非母語話者は，品格のある日本語話者への道はまだ遠いと思わざるを得ない。

　これまでの研究は話し手の言語行動を中心に見る研究が多い。相手の言語行動を視野に入れての研究もあるが，まだ少ない。そして，相手からの発話を受け，さらに自分が示すべき反応に注目する研究はさらに少ない。これからは話し手，相手，話し手…というように，連鎖的に生じるコミュニケーションを捉えて研究する必要がある。

8．これから必要となる母語話者のコミュニケーション研究の方向性

　ここでは，2.から7.まで述べてきたことを踏まえ，これから必要となる母語話者のコミュニケーションに関する実態研究の方向性を述べる。

　日本語のコミュニケーションは相手の存在が重要だが，これまで相手を軸とする研究はまだ少ない。一部を除き，多くの研究では相手との上下関係・親疎関係の面に注目し，軸はあくまで話し手または書き手の言語行動においた上で，どのように相手に配慮するのかという観点で行われている。これからはより多角的な視点で相手を軸とし，相手の立場に立って捉える適切な情報量と質，相手の言語行動への言及の仕方，相手の反応の読み方，相手の発話を受けた後の適切な反応など，相手の視点から発想される研究がより必要になってくる。

　そして，理論的な枠組みからの出発ではなく，個々の実態を反映したデータと疑問点から出発し，気づかれにくいやりとりと，その中に潜んでいる相手の意図を探る必要がある。そのために，研究目的に合わせた

データ収集法を工夫するべきである。言語行動に関する認知と解釈，たとえば非言語行動も含め，どのような言語行動が日本社会に許容されるのか，許容されないのかを探る場合は，アンケートや面接法でも問題はない。しかし，相手の反応，コミュニケーションの過程を分析するためには，双方向的な自然データを用いるべきである。また，横断的なデータだけではなく，少人数の特定の母語話者に対して，長期間にわたる相手との関係の変化を見る縦断的なデータを扱う研究も重要になる。

疑問点については，研究者，教育者，接触場面を持つ一般的な母語話者からの意見だけでなく，非母語話者の意見にも耳を傾ける必要がある。母語話者による評価研究が増えている中，非母語話者の視点に立った母語話者のコミュニケーション研究はまだ少ない。

最後にこの論文ではふれていないが，今後グループ・コミュニケーションの実態研究にも着目する必要がある。高宮優実(2008)が母語話者のミーティングの会話分析をし，第三者への働きかけによる非直接的な意見表明のストラテジーなどがあると指摘しているように，母語話者によるグループ・コミュニケーション特有の会話の実態を探る必要があろう。また，母語話者のみだけではなく，母語話者グループの中に非母語話者が混在した場面のコミュニケーション研究も必要になってくる。

9. まとめ

この論文で述べてきたことをまとめると，次のようになる。

(27) 非母語話者は日本語コミュニケーションにあいまいな表現があるからむずかしいと思い込んでいるようだが，実際は相手との関わり方を十分に意識していないからむずかしく感じているのである。

相手との関り方については，次のことを述べた。

(28) 母語話者は具体的に表出すべき情報は不足なく表し，必要以上に私的な情報を出さないようにしているが，非母語話者は相手に必要な情報，不要な情報の区別ができない。

(29) 母語話者は相手の気持ちや行動への直接の言及を避け，代わ

りに話し手の気持ちや行動の観点から述べたり状況に絡めて説明したりするが，非母語話者は相手の気持ちや行動に言及することがうまくできない。
(30) 母語話者は少しずつ相手の状況や気持ちを確認しながらコミュニケーションをとっているが，非母語話者は日本語コミュニケーションのペースに慣れていない。
(31) 母語話者はスタイルシフトをしたり適切に距離を置いたりしながらコミュニケーションをとっているが，非母語話者は相手との距離を適切に調整し，常に変化する相手との関係に応じた言語行動をとることをむずかしく思っている。
(32) 母語話者はネガティブな感情と表情を相手の前に出さず，相手が言おうとしていることを察し，適切にフォローしている。しかし，非母語話者は母語話者からの発話などを受け，即座にかつ適切に反応することがなかなかできない。

そして，今後必要とする研究について，次のことを述べた。
(33) これからの研究は相手を軸とするもの，個別的な実態を反映したデータと多面的な疑問点から出発するもの，理論的な枠組みにとらわれないもの，適切なデータ収集法を工夫したものでなければならない。

引用文献

李善雅(2001)「議論の場におけるあいづち ── 日本語母語話者と韓国人学習者の相違 ──」『世界の日本語教育』11，pp. 139-152，国際交流基金日本語国際センター．

猪崎保子(2000)「接触場面における「依頼」のストラテジー ── 日本人とフランス人日本語学習者の場合 ──」『世界の日本語教育』10，pp. 129-145，国際交流基金日本語国際センター．

柏崎秀子(1992)「話しかけ行動の談話分析 ── 依頼・要求表現の実際を中心に ──」『日本語教育』79，pp. 53-63，日本語教育学会．

カノックワン・ラオハブラナキット(1995)「日本語における「断り」── 日本語教科書と実際の会話との比較 ──」『日本語教育』87，pp. 25-39，日本語教育学会．

キィ・ティダー(2002)「ビルマ語と日本語における申し出表現──申し出の仕方を中心に──」『世界の日本語教育』12, pp. 145-162, 国際交流基金日本語国際センター.

金城尚美・玉城あゆみ・中村朝子(2007)「日本語非母語話者のメタ言語行動表現に関する一考察──配慮という観点から──」『琉球大学留学生センター紀要　留学生教育』4, pp. 19-41, 琉球大学留学生センター.

笹川洋子(1996)「異文化の視点からみた日本語の曖昧性──在日外国人留学生調査より──」『日本語教育』89, pp. 52-63, 日本語教育学会.

ザトラウスキー，ポリー(1993)『日本語の談話の構造分析──勧誘のストラテジーの考察──』くろしお出版.

高宮優実(2008)「日本語母語話者のミーティングにおける会話の分析──意見対立の場面に注目して──」,畑佐由紀子(編)『外国語としての日本語教育──多角的視野に基づく試み──』pp. 283-302, くろしお出版.

西村史子・鹿嶋恵(2001)「詫びの手紙文における情報の展開構造──中級日本語学習者と日本語母語話者の対照分析──」『世界の日本語教育』11, pp. 69-82, 国際交流基金日本語国際センター.

藤森弘子(1995)「日本語学習者に見られる「弁明」意味公式の形式と使用──中国人・韓国人学習者の場合──」『日本語教育』87, pp. 79-90, 日本語教育学会.

水谷信子(1989)『日本語教育の内容と方法』アルク.

水谷信子(1993)「「共話」から「対話へ」」『日本語学』12-4, pp. 4-10, 明治書院.

メイナード，泉子・K(2001)「心の変化と話しことばのスタイルシフト」『言語』30-7, pp. 38-45, 大修館書店.

山本千津子(2005)「実践的なコミュニケーション能力向上のための待遇表現教育──「言いにくい場面」への取り組みを例に──」『日本語教育』126, pp. 84-93, 日本語教育学会.

日本語教師には見えない母語話者の日本語コミュニケーション

清　ルミ

1. この論文の主張

　「コミュニケーション能力育成」がいたるところでお題目のように唱えられている。コミュニケーションの教育を行うには，指導者である教師のコミュニケーションに関する専門的知識と教育能力がまず問われるはずである。では，日本語教師は，母語話者の日本語コミュニケーションの特性を熟知し，コミュニケーション教育の本質を確かに見据えているだろうか。
　この論文では，次の(1)のようなことを主張する。
　（1）教師が母語話者の日本語コミュニケーションの特性を熟知していなければ，本質的なコミュニケーション教育は行えない。日本語コミュニケーションの特性に鋭敏になるためには，言語学的なアプローチだけではなく，異文化コミュニケーション的視点からの研究が求められる。それを実現するためには，まず教師が現行の教授活動と教授意識をクリティカルに見直し，言語感覚を研ぎ澄ますことが急務である。
　まず，（1）の主張の裏づけとして，2.から6.において現行の教授活動と教師の教授意識について検討し，（2）から（6）の問題点を指摘する。
　（2）初級前半の教材開発に母語話者の日本語コミュニケーションを意識した観点はみられない。言語機能への着目がみられず，現実場面で使用されることの多い言語機能が教科書で採

り上げられていない。
- （3） 現実のコミュニケーションでは，相手との関係性と面子(めんつ)保持が重要視されるが，教材開発にその観点は反映されていない。
- （4） 教師は，教科書フレームの呪縛を受けている。呪縛を受けた教師の言語感覚は，一般人の「普通」の言語感覚からかけ離れている。
- （5） 教科書フレームの呪縛がかかった教師は，教室活動において，わかっているつもり，知っているつもり，やっているつもりの「つもり」教育を行っている。
- （6） 「普通」のコミュニケーションに対して盲目的な教師は，現実のコミュニケーションを教えることにアレルギーがある。

次に，7.から9.において，これらの現状を打破するために求められる研究の方向性について，（7）から（9）を述べる。
- （7） 教師は，呪縛をかけられる前の一母語話者としての言語感覚を取り戻す必要がある。そのためには，「科学的」研究から抜け落ちるアナログ的研究も奨励されるべきである。
- （8） 母語話者の日本語コミュニケーションを異文化コミュニケーション的視点から考察し，日本語の言語文化の特性を探る研究が必要である。
- （9） 「ことば」だけに着目するのではなく，母語話者の非言語コミュニケーションを，異文化コミュニケーション的視点から探る研究が求められる。

2. 「コミュニケーション重視の教育」の盲点

この2.では，まず，現行の初級教育にコミュニケーション重視の教育的視点の反映は認めにくいということを論じる。

清ルミ（2005a）では，初級レベルが教室活動において教科書を使用する率が高いことから，教科書の初級前半部分に着目し，コミュニケーション重視の視点が反映されているかどうかを検討している。研究方法

は，「～ないでください」という一文を例にとり，コミュニカティブ・アプローチの教育内容の中核をなす言語機能を切り口に，教材に載っているすべての文例を機能別にラベリングして比較考察する方法である。研究対象は，国内外の教育機関で最もよく使用されている教科書トップ8の教科書，ワークブック，教師用指導書である。言語機能の分類は，下のA～Fの通りである。

　A．注意喚起：公衆道徳，マナー，ルール等の遵守を注意喚起
　　　例：ここは　駐車禁止ですから，くるまを　とめないでください。
　　　　　　　　　　　　　　　　（*Japanese for Busy People I*, p. 147）
　B．禁止：
　　（a）話し手の利益や権利の侵害回避のため相手を制止
　　　例：［変換ドリルの正答として］
　　　　　明日は忙しいですから，私の所へ来ないでください。
　　　　　　　　　　　　　　　　　　　　（『実力日本語（上）』p. 97）
　　（b）話し手が管理・支配的立場で相手の望む行為を制止
　　　例：医者：今晩は　おふろに　入らないで　ください。
　　　　　　　　　　　　　　（『みんなの日本語 初級Ⅰ 本冊』p. 139）
　　（c）上記A，B（a）（b）のいずれか判断不可能な禁止
　　　例：ここで　写真を　撮らないで　ください。
　　　　　　　　　　　　　　（『みんなの日本語 初級Ⅰ 本冊』p. 138）
　C．依頼：単純な物理的依頼
　　　例：（コーヒーに砂糖を）入れないで　ください。
　　　　　　　　　　　　　　　（『しんにほんごのきそⅠ 本冊』p. 136）
　D．願望・懇願表示：話し手の願望
　　　例：行かないで。
　　　　　　　　　　　（*Situational Functional Japanese Vol. 1*, p. 179）
　E．配慮・気遣い：相手の物質的，心理的負担を軽減
　　　例：［変換ドリルの正答として］
　　　　　大丈夫ですから，心配しないでください。
　　　　　　　　　　　　　　（『みんなの日本語 初級Ⅰ 本冊』p. 141）

F．不満・不快表示：不満や不快を表明
　　例：［英文の変換ドリルの正答として］
　　　　その手紙を読まないでください。私の手紙ですから。
　　　　　　　　　　　　（『初級日本語 げんき ワークブック』p. 69）

　この研究では，まず8種の教科書の導入文例と教科書内の練習ドリル文例の機能を考察している。結果として，場面，人間関係，文脈が曖昧で「禁止」の文であることだけがわかる導入文例が全体の3分の1，ドリル文例では約半数を占めていることが明らかにされている。また，導入文例には1つもみられない「配慮・気遣い」がドリル文例に約18パーセントも含まれていること，教科書に練習ドリルが掲載されている6種すべての教科書で導入文例とドリル文例の間に機能の不整合があることなどの結果も導かれている。

　これらの結果から言えることは，国内外でよく使われている初級教材は，教材開発をする際，言語機能から文例を考えるという意識が希薄だったのではないかということである。多くの「禁止」の機能文例が文脈性を伴っていなかったということも，「文脈の中で機能に注目させる」という現実面での運用の視点欠如が考えられる。

　清ルミ（2004）によると，一般人や現実のコミュニケーションにおける「～ないでください」の機能は「配慮・気遣い」であるとされている。8種の導入文例のいずれにもみられなかった「配慮・気遣い」の機能が，ドリルに不用意に混入されたような形で18パーセントもみられたということは，教材開発者が全く無意識に現実の言語使用をドリル文に反映させた可能性を感じさせる。

　日本語教育においては，1980年代後半にオーディオリガル法からコミュニカティブ・アプローチへのパラダイムシフトが起きた。研究対象の8種の教材すべてが，この潮流を汲んだ1990年以降に出版されたものであることを考え合わせると，「コミュケーション重視」を掲げながらも，それ以前からの言語形式重視の発想から抜け出せず，新たな教授法の指導理念であった言語機能の重要性に目を見開いていなかったということになろう。

3. 関係性と面子(めんつ)重視の現実を無視

　この3.では，現実の日本語コミュニケーションにおいて必要不可欠な人間関係重視の視点，話し手と聞き手双方の面子(めんつ)への配慮の視点などが現行の教育から抜け落ちていることについて論じる。

　清ルミ(2006)では，教科書の代表文例が提示されている代表的場面に関し，現実に教科書のような会話が交わされているかどうかを「〜ないでください」を切り口に考察している。教科書トップ8に共通する代表的場面は，医師が患者の日常的行為を禁ずる場面(例：「風呂に入らないでください」)と，美術館員が写真撮影しようとしている客を制する場面(例：「写真を撮らないでください」)の2場面である。この研究は，この2場面の現実の自然発話データを採集する事例研究を行っている。調査方法としては，医師が患者の行為を制する場面のデータ採集を看護師に記録を依頼し，美術館員の方は，調査協力者が実際に美術館員の前でカメラを構えることにより発話を引き出し記録している。静岡県で採集した121の医師の発話データと150の美術館員の発話データの分析からは，次のような現実の結果が導かれている。

　医師も美術館員も，現実の制止場面では「〜ないでください」は全く使用していないこと，いずれの場面でも共感性の高い表現や相手の面子(めんつ)を傷つけない配慮表現が選択されていることなどである。

　医師の場合，患者の生命に関わりそうもない行為を禁じる際には，共感性の高い心積もり依頼表現(例：「やめといてください」)，心積もり誘発表現(例：「やめときましょうか」)，あたかも依頼表現(例：「しないでもらえますか」)の使用率が高く，外科で患者を制しなければ患者に致命的な不利益を与えるようなケースでは，肯定依頼表現(例：「我慢してください」)，断定宣告表現(例：「だめです」)，否定依頼表現(例：「しないようにしてください」)の使用率が高いという結果である。

　美術館員の場合は，100%が謝罪および呼びかけ表現(例：「すいませんけど」)を使用していること，半数が事実陳述(例：「撮影は禁止されてるんです」)以外の規則に関する禁止理由(例：「作品に光が良くないもんで」)に言及していることなど，相手が納得しやすいよう相手の面子(めんつ)を傷

つけないための配慮がみられたという結果である。さらに，62％が動詞を使わずに言い切らない形(例：「すいませんが，カメラは…」)で相手に行動変容を促していたことも明らかにされている。動詞を使った発話でも，写真を撮ろうとする客の立場に立っての不可能表現(例：「撮れないんです」)や，注意する立場からの代替案提示つき不可能表現(例：「あちら側は撮っていただいてもいいんですが，ここはお預かりしてる品ですので」)が使用され，相手への共感を示すことで丁寧度を高めるコミュニケーションが交わされているとの結論である。

　コミュニケーション能力育成という観点からみると，相手を制する場面を教材化するには，話し手が管理的，支配的な立場にいることが明らかな状況下であっても，相手との関係性を重視した上で，相手の面子(めんつ)に配慮したコミュニケーションの方法を盛り込まれなければならないことになる。場面設定，発話意図，言語形式，言語機能の組み合わせが非現実的な教材では，現実のコミュニケーションを遠ざける恐れがあるということである。

4．教科書フレームの呪縛

　2.と3.で引用した研究結果から，大多数の教育機関で使用されている初級教材には現実的なコミュニケーションの反映がみられないことを述べた。4.では，教師の言語感覚がそういう教材の刷り込みを受けていることと，一般人の言語感覚からかけ離れていることについて論じる。

　清ルミ(2004)では，「～ないでください」のダイアローグ作文調査を一般社会人と現職日本語教師各100名を対象に実施し，1990年以降の高視聴率ロングランのテレビドラマ「北の国から」4本と映画「男はつらいよ」7本のシナリオ分析と比較考察している。

　調査の結果，100名の一般社会人の作文例では，「気にしないで」「気を使わないで」などの「配慮・気遣い」が全体の70％強あり，次いで「ばかにしないで」「からかわないで」などの「不満・不快表示」が15％，「気を悪くしないで」「泣かないで」などの「願望・懇願表示」が8％となっている。シナリオ分析結果は，テレビでは「配慮・気遣い」

が30％強，「不満・不快表示」が35％，映画では「配慮・気遣い」が45％，「不満・不快表示」と「願望・懇願表示」がそれぞれ20％である。このことから，一般社会人の言語感覚とシナリオ分析結果には同じような傾向があり，現実のコミュニケーションにおいては「ないでください」は「配慮・気遣い」の機能として最もよく用いられ，次いで「不満・不快表示」と「願望・懇願表示」として用いられるという結論が導かれている。

　それに対し，日本語教師100名の調査結果は，一般社会人と大きな隔たりがある。「配慮・気遣い」の文例は100例中1つしかない。日本語教師の作文例は，喫煙を禁じるものが33％，駐車を禁じるものが31％で，喫煙，駐車，写真撮影，飲酒，入浴関連の「禁止」文例が全体の80％を占めている。また，全体の過半数が文脈性を特定できない「禁止」であり，100文例すべてにおいて第一発話者が禁止し，第二発話者が謝罪するパターンであることも特徴として挙げられている。この結果は，2.で引用した研究結果の教科書文例の傾向と酷似している。8種の教材の教科書文例では，喫煙が最も多く，駐車，写真撮影，飲酒，入浴を含めると全体の40％強であった。文脈性を欠いた「禁止」が多く，文例の約90％が第一発話者の「〜ないでください」使用という点も，教師の作文例と類似している。

　教科書文例に多い「禁止」の機能は，テレビ，映画のシナリオではごく僅かしか使用されていない。それも，教科書文例のような上下関係や親疎関係での発話ではなく，夫婦間，恋人間のような親密かつ無遠慮が許容されるウチ関係に使用が限定され，相手を攻撃するか非難するかの状況下でしかみられないことも同研究で明らかにされている。

　以上のことから，教師の言語感覚が一般の言語感覚とかけ離れており，その原因が教科書フレームの「刷り込み」という呪縛を受けたからではないかという推察が成り立つ。教科書フレームの呪縛は，思考や感覚を麻痺させる。現実を見えなくさせる危険性をはらんでいる。

　教科書には，患者が風邪を引いて医者に行き，入浴を禁じられるという場面がしばしば登場する。『みんなの日本語 初級Ⅰ』第17課がその1

例であるが，この場面構成は，学習者が患者の立場に置かれることを想定してのことであろう。しかし，現実には，学習者が医療保険に加入しているかどうか，風邪を医者にかかるほどの病気としてとらえるかどうかなど，「日本人の常識」と「学習者の常識」が異なる可能性も高いはずである。また，医者が入浴を制することも，入浴習慣のある日本人の生活常識から発せられており，入浴習慣がなくシャワーだけの文化圏の学習者の場合，医者の発話の言語コードは解読できても，異文化理解ができないということも十分あり得る。清ルミ（2008：pp. 142-146）で述べているように，風邪で熱が出たときだけ入浴を奨励する文化もある。教科書の呪縛は，このような異文化コミュニケーション的側面においても，教師の目を覆い隠してしまうのではないだろうか。

5.「つもり」教育の落とし穴

この5.では，教科書フレームの呪縛を受けた教師が，知っているつもり，わかっているつもり，やっているつもりの「つもり」教育を行っている可能性について論じる。

清ルミ（2010）では，東京，神奈川，静岡の3県で，教師養成講座修了歴を有する経験2年以上の日本語教師75名(所属教育機関数30校)を対象に，次のような教案インタビュー調査と分析を行っている。『みんなの日本語 初級Ⅰ』第17課をみせ，コミュニケーション能力養成の目的を持つ多国籍のクラスを想定して，3時間の授業の教案を語ってもらい，録音する。そして，文字起こしされたデータから，言語機能と文脈形成の観点の有無，教室活動の構成要素を抽出して，産出的な活動の度合いを検討している。

その結果，全体の66％が教科書例文同様の「写真」「駐車」「飲酒」関連文例を導入にそのまま使用していること，言語機能については，全体の64％が「禁止」ととらえている一方，全体の28％は機能を全くとらえていないことが明らかにされている。また，機能をとらえていないものは，文脈性においても，場面，状況，関係性の3点のいずれもとらえていないこと，場面と状況を形成しているものでも，関係性が不明なもの

が全体の87%あることなどから，コミュニケーション重視ではなく，むしろオーディオリンガル法による言語形式中心に導入する教師が多いという結果が示されている。

さらに，教室活動においては，約半数において産出的な活動が全く行われておらず，産出的な活動が3分の1以上を占めるのは全体の13%しかないこと，全体の96%に教案のパターンの類似性が顕著であること，言語の構造面を重視した教科書中心の活動であることも指摘されている。

この研究では，調査協力者75名中70名が調査素材である『みんなの日本語』の使用経験があることから，インタビュー調査に日頃の教授活動が色濃く反映された可能性が高い。また，教師の属性をみると，調査協力者の属性別の傾向はみられず，年齢や経験年数，所属機関とは無関係に初級前半レベルのコミュニケーション教育が旧態依然としている可能性が示唆されている。さらに，調査協力者が教師養成課程修了者であったことからは，複数の異なる教育機関の教師に教室活動の類似性がみられた要因として，教師養成段階での教材分析，教案指導，実習指導における教育の呪縛や刷り込みの可能性がうかがわれるとしている。

実は，この結果は，日本語教育界がコミュニケーション重視の教授法にシフトして20年経った今でも，コミュニカティブ・アプローチが日本語教育を席巻する前の1988年当時と教室活動に何ら変わりはないということを物語っている。日本語教育学会(1988)は，5つの教育機関を対象に初級段階の教室活動の質問紙調査を実施し，オーディオリンガル法の影響の強さを明らかにしていたのである。

一方では，現在，協働学習や自律学習が叫ばれ，コミュニカティブ・アプローチの教育観はとうに浸透したものとされ，もはや古いとすらみなされる研究動向がある。

以上のことから，コミュニケーション重視の教授法は知っているつもり，教材分析はわかっているつもり，コミュニケーション教育はやっているつもりの「つもり」教育の現状の可能性が示唆されよう。

6. 教師のアレルギーと盲目性

6.では、これまでの2.から5.の論考をふまえ、教科書フレームから外れる現実のコミュニケーションに対する教師のアレルギーについて述べる。

清ルミ(2012)では、5.で引用した研究の延長として、75名の教案インタビューの調査協力者に、4.で触れた一般社会人の作文調査結果リストをみせ、その反応を録音し、分析している。文字起こしデータを、「一般的な反応」コード7種(「無反応」、「判断不能」、「受容困難」、「教科書と同じ点に着目」、「気づき」、「納得」、「観察」)と、「教授関連」コード8種(「反応なし」、「初級導入否定」、「導入否定」、「テキスト否定」、「導入肯定」、「自分の導入と異なることに気づき」、「ふりかえり」、「禁止必要」)に分類し、それぞれのコードの関連を考察している。

結果として、まず「一般的な反応」では、一般社会人100名の作文例のリストをみせても、「何をみせられているのかわからない」などといった「判断不能」、「教科書のような文がないのが不思議」などといった「受容困難」、リストの中にごく少数あった教科書文例と類似した作文例にのみ注目した「教科書と同じ点に着目」が全体の36％を占め、一般の言語感覚をみせても教師の言語感覚との差異を認知し得ない教師が3分の1以上いることが示されている。

また、「教授関連」では、「反応なし」が約39％あり、一般の言語感覚のリストをみても、2.5人に1人は自分の教室活動や教科書、教え方には思いが至らないという結果も導かれている。さらに、「一般社会人の作文例は初級で教えるには難しい。中級からでいい」などといった「初級導入否定」が全体の3分の1あり、初級での「配慮・気遣い」の機能導入に否定的で、現実のコミュニケーションに対するアレルギーが示されている。そのうちの59％は、「一般的な反応」で「教科書は禁止だが、ここには禁止はない」などといった「ふりかえり」や「自分の導入と異なることへの気づき」がみられたことから、自分の教授意識や教室活動との違いには気づいても、それを今後の教室活動や教材に取り入れることにはネガティブである人が少なくないことも考察されている。さら

に,「具象的なことは初級で,抽象的なことは中級で」といった思考フレームの呪縛の可能性も示唆されている。
　ここで,実に興味深いことがこの研究で提示されている。教案インタビューで使用した『みんなの日本語 初級Ⅰ』第17課には,実は,次のような「配慮・気遣い」の機能の練習や問題が含まれていたということである。
　　（10）　練習　B
　　　　　２．2)大丈夫です・心配しません→
　　　　　　　　［正答は「大丈夫ですから,心配しないでください。」］
　　　　　　　　　　　　　　　　　（『みんなの日本語 初級Ⅰ 本冊』p. 141)
　　（11）　問題　C
　　　　　４．5)寮の生活は楽しいですから,（　　　　）ください。
　　　　　　　　［選択肢の中から「心配します」を選択。正答は「寮の生活は楽しいですから,心配しないでください。」］
　　　　　　　　　　　　　　　　　（『みんなの日本語 初級Ⅰ 本冊』p. 144)
　この２文は,一般社会人の作文中,３番目に多い「心配しないでください」と同一の文である。調査協力者の93％に『みんなの日本語』の使用歴があるにもかかわらず,教案インタビューでこの「配慮・気遣い」の機能に言及した教師は一人もなく,一般社会人の作文例をみて,「初級導入否定」の反応をしている。これは,教師が『みんなの日本語』の練習ドリル内に配慮表現が含まれていることを見落としている何よりの証拠である。そして,このことは,教師に「〜ないでください」の機能は「禁止」であるという刷り込みがあるため,練習ドリルをみても言語形式の変換にのみ意識が向けられ,言語機能に対しては盲目的であるという事実を浮き彫りにしている。
　次に,現実のコミュニケーションに対する教師のアレルギーに関し,筆者の２つの体験について触れておきたい。
　筆者は2004年から2006年にＮＨＫ教育テレビで放映された日本語講座を担当し,内容構成とテキスト執筆も請け負った。番組が第２回まで放映された後,某教育機関の教務主任から次のような指摘を受けた。「ス

キットに『あ』がよく出てくる。テキストで確認したら，やはりダイアローグに『あ』が多い。あれはなくていいと教員間で話している。少なくともテキストに『あ』は書く必要はないのでは」。「あ」とは，「あ，お帰りなさーい」(『NHKテレビ日本語講座　新にほんごでくらそう』，第1回基礎編)，「あ，そうなんですか，はい」(『NHKテレビ日本語講座　新にほんごでくらそう』，第1回応用編)の「あ，」のことである。筆者はこの「あ，」にはコミュニケーション上，大切な機能があると考えている。先述の2つの例文の「あ」は，それぞれ，「期待して待っていたことが起きた時の喜びの表出」と「予想に反したことを言われた時の軽い動揺の表出」である。第4回ではテキストにも「期待に反したことに気づいたときの合図」(『NHKテレビ日本語講座　新にほんごでくらそう』，第4回応用編)と解説を書いた。日本語教師が「あ」を不要と判断を下した根拠は，「日本語教科書に載っていない」「学習項目としては不要なことば」といったことではないかと推察した。

　もう一つの体験は，「やっぱり」という表現についてである。清ルミ(2007：p. 171)において，「やっぱり」には「期待した通り，前例に倣って」という意味だけではなく，喫茶店で一旦コーヒーを注文した後で「やっぱり紅茶にします」と注文品を変更する時のような「突然の方向転換を示す方向指示」の機能もあること，この機能の「やっぱり」が「本来の『やっぱり』の機能を裏切る謀反人のような存在」として，外国人にとってやっかいな日本語表現の一つであることを述べた。この本は一般向けで日本語教育者に向けたものではなかったが，日本語教師の読者から「こういう『やっぱり』は教科書で扱わないのだから，書かれても困る」との批判を受けた。この批判の根拠も，教科書フレームという規範を絶対視したところから来るものだろうと推察した。

　以上のような2つの体験から痛感したことは，教科書フレームの呪縛の強さと，そのフレームから外れる現実のコミュニケーションへのアレルギーの強さである。

7．「普通」の感覚を取り戻す

　2.から6.までの論考により，教師には現実のコミュニケーションが見えにくいこと，教師の意識がこれまでの日本語教育の思考フレームから逃れられずにいる現況が垣間みえた。

　では，これからどうすればいいだろうか。まずは，日本語教育の世界に足を踏み入れた途端に受けた思考フレームの呪縛を，日本語教育従事者が認知することから始めなければならないだろう。そして，そのフレームを組み替える能力を養うことこそ，教師のコミュニケーション能力育成につながるのではないかと考える。

　たとえば，教授法に関し，ファッションの流行を追うかのような受け入れ方をしていないか見直すことも一案である。ファッションにたとえれば，流行を追い求める前に，どういう服がなぜ必要か，着心地よさを感じる服はどんな服か，どういう服が自分に似合うか，手持ちのワードローブとの関連はどうかなどについて，自分自身のファッションに対する意識を確認することが必要ではないか。そうでなければ，ファッションビジネスのイデオロギーとカラクリの餌食となり，お仕着せの服を買わされる消費者に成り下がるだけである。

　教師が母語話者としての言語感覚を取り戻すことなしに，「この教科書は古い」「その教授法は古い」などと言い放って「コミュニカティブな活動」のための「アイデア集お助け本」に走るのでは，食材と旬，栄養価，食べ合わせ，味についての生活感覚なしに，「今日のおかずレシピ」をむさぼるのと変わらない。

　現実のコミュニケーションを知るための研究の1例として，大沢裕子・郷亜里沙・安田励子（2010）がある。この研究は，インターネット上で発信される宿泊施設の利用者のクチコミに対し，施設側の返答がサイト閲覧者に与える印象について，待遇コミュニケーションの観点から分析している。この論文のように，「印象」といった情意的側面を研究に取り上げることは，ややもすると「科学的」ではなく「主観的」との批判を招きやすい。しかしながら，そもそも人間のコミュニケーションというものは主観によって成立しているという原点をわれわれは忘れては

ならないと思う。このような研究がもっと奨励され得る環境が望まれる。

8. 異文化コミュニケーション的視点からの言語文化の研究

8.と9.では，今後，教師が母語話者の日本語コミュニケーションの特性を認識するために必要な研究の方向性として，異文化コミュニケーション的視点からの研究を挙げる。8.では言語文化面から，9.では非言語面から述べてみたい。

筆者は，まず，日常会話にみられる日本語の言語文化の特性を実証的に考察する研究が必要だと考える。清ルミ(2003)では，異文化コミュニケーションにおいて日本的謙遜表現の典型として挙げられることの多い「つまらないものですが」という挨拶表現を採り上げ，現実には使用が限られていることを調査結果により裏づけ，定説の反証を試みている。また，清ルミ(2007：p.83)では，この表現が単なる謙遜表現ではなく，もらったらお返しするという日本の「お返し文化」を意識して，「お返しの気遣い無用」と相手に配慮した表現でもあるのではないかと述べている。日本語独特の挨拶表現として採り上げられるものが他にも相当数あるが，それらについての実証的研究が待たれるところである。

日常的な言語行動に関しても，対照言語学の立場からの実証的研究が今後ますます求められるであろう。ここでは，その例として，日本語母語話者(JJ)と韓国語母語話者(KK)とを比較した日韓対照研究を紹介しておく。金庚芬(2005)は，「ほめ」の対象に関する研究を会話の録音分析から行い，ほめの対象の順位が，JJは「遂行」「行動」，KKは「外見の変化」「外見」の順で高いと結論づけている。李善姫(2006)は「不満表明」に関する考察を談話完成テストにより行っている。その結果，「割り込み」の場面でKKはJJより直接的に相手を非難すること，「成績」の場面でJJは理由説明の要求に留めるが，KKは不満表明し改善要求することなどの相違を明らかにしている。さらに，不満表明する際，KKは自分を理解してほしいという気持ちを表す切り出し方をし，終結部で関係修復を図るような発話をするという点でJJと異なっているとしている。尾崎善

光(2005)は依頼行動と感謝行動について質問紙調査の結果から考察している。その結果，KKはJJと比べ，家族に対して依頼しにくく謝辞も言わないという傾向を明らかにしている。洪珉杓(2007)はフィールドワークから，感謝，謝罪，挨拶，「ほめ」，断り，不満表現，あいづち，呼称などにおける日韓の言語文化の相違を多角的に考察している。

次に，研究対象は，対人コミュニケーションだけではなく，メディアにより発信される報道表現についても日本語マスコミュニケーションとして言語文化的な研究が必要だと考える。それらの研究例としては次のようなものが挙げられる。石黒武人(2007)は，謝罪をめぐる日米の文化的差異についてハワイ沖実習船衝突事故関連の新聞報道から考察している。その結果，日本においては当事者自らが被害者家族に対し迅速かつ深い謝罪を繰り返すことが求められるが，アメリカの謝罪が米国政府関係者から日本政府関係者に対する謝罪であり，当事者から被害者家族への直接的謝罪が遅れたことで，日本側の遺族に謝罪として受容されなかったことを明らかにしている。また，清ルミ(2005b)では「ドーハの悲劇」や「思いやり予算」といった情緒的表現を文化背景から，清ルミ(2009)ではテレビＣＭで使用される日本語表現を文化背景と社会的イデオロギーから，異文化コミュニケーション的視点で考察している。マスコミュニケーションが視聴者に与える影響力の大きさを考えれば，研究射程は「対人コミュニケーション」だけにとどめない方がいい。

9. 異文化コミュニケーション的視点からの非言語の研究

9.では，非言語コミュニケーションの研究も必要であることを述べる。

東山安子(1997)は，非言語伝達手段の研究領域を，身体動作，視線接触，近接空間，時間概念，パラ言語，身体接触，嗅覚表現，体物表現と8つに分類している。

言語に伴う非言語メッセージの一つにパラ言語がある。これに関する考察例としては，次のようなものがある。定延利之(2005)は，歯の間から「シー」と空気をすする音が日本語では恐縮を意味するが，英語と中

国語の母語話者には傲慢に受け取られる可能性のあることを述べている。また，清ルミ(2008：p.132)では，舌打ちがもたらす日中の異文化摩擦の事例を採り上げている。

　言語に伴う非言語メッセージのうち，パラ言語以外の研究については，前の8.で紹介した洪珉杓(2007)が，領域，対人距離，接触，視線，姿勢などについての日韓比較を意識調査から行っている。金眞映(2005)は，実際にビデオ録画によりうなずきによる日韓比較を試みている。その結果，JJの方がKKよりうなずきの頻度が高く，特に話し手によるうなずきの頻度が高いこと，JJは一回ずつはっきり区切って頭を振るうなずき方をするが，KKはまず頭を後ろに引いてから複数回リバウンドして頭を元の位置に戻すうなずき方をすることなどを明らかにしている。

　日本語教育では，非言語メッセージを言語に伴う「言語行動」としてとらえる傾向があるが，必ずしも言語に伴うものばかりではない。実際には，言語化する前の意識や認識の差異が，コミュニケーションの遂行上，目には見えない部分で言語以上に大きく作用してくる。そのような観点からの研究には次のようなものがある。鄭加禎・上原麻子(2005)は，日本人，中国人，台湾人の謝る意識の異同について質問紙による調査を行っている。調査の結果，日本人は中国人，台湾人より相手に迷惑をかけたと感じやすいが，相手が赤の他人の場合はその意識が低くなり，赤の他人に対して最も強く謝る意識が働くのは中国人であることが示されている。さらに，中国人，台湾人は謝罪の場面で，上下関係に影響を受けるが親疎関係による影響は受けないのに対し，日本人は上下関係より親疎関係による影響を受けることが考察されている。中川典子(2003)は，日韓のビジネスマンの自己開示に関する質問紙調査をしている。その分析によると，KKの方がJJより，上司，同僚，部下のいずれの対象に対しても，酒席か酒席以外かに関わらず自己開示が高い傾向が提示されている。特に私的な話題の中の「金銭」について，KKは対象の上下関係を問わず，JJより自己開示が高いことが特徴づけられている。

　また，交渉のコミュニケーションの場合，それ以前の信頼関係の有無，誰が言うかなどの「コンテクスト」が交渉の成功・不成功の大きな

要因となる。このような「コンテクスト」のとらえ方に関する実証的研究も今後求められるであろう。交渉における時間概念の研究も必要である。どの時点から準備にとりかかるか，どのぐらいの時間量で成果を上げるか，どの時点で継続，断念，方向転換などの決定を下すか，「定刻通り」という認識に予定時間とのズレをどの程度含むか，一旦結んだ人間関係や縁をどのぐらいの時間的スパンでとらえるかなど，時間概念一つとっても一筋縄ではいかない非言語上の文化的差異がある。

　日本語教師は，つい「言語」を教えることと「言語」を研究対象とすることに終始しがちであるが，「言葉屋」にならないよう，非言語面へのアプローチも見逃してはならない。これまで，異文化コミュニケーション研究者により米国，韓国，中国との比較研究は進んでいるが，今後は，それ以外の国，特に日本語学習者の多いアジア圏との比較研究がますます必要とされるであろう。

10. まとめ

　この論文では，コミュニケーション教育に携わる日本語教師が母語話者の日本語コミュニケーションを熟知するためには，まず，現行の教授活動と教師の教授意識をクリティカルに見直す必要があることを主張した。そして，その上で，日本語コミュニケーションを総体としてとらえる視点を養うために，次の(12)から(14)のような研究が必要であることを述べた。

　　(12)　コミュニケーションを情意面から考察するアナログ的研究
　　(13)　言語文化を異文化コミュニケーション的視点から考察する研究
　　(14)　非言語コミュニケーションを異文化コミュニケーション的視点から考察する研究

とりわけ，(13)と(14)については，日本語学習者の多いアジア圏と日本との比較研究が待たれることも主張した。

　日本語教育が，外国人に対して日本語を教えるということのみを意味した時代はとうに過ぎ去っている。ソフト外交策や国防策としての日本

語教育政策，国内の多文化共生のための日本語教育的視座が求められる今，われわれ教師もまた，社会構成員の一員としての社会性を失わずに，アンテナを高くして外の世界に目を見開いていなければならない。現実のコミュニケーションに対する研究アプローチも，そういう中からしか生まれないだろうと思われる。

調査資料

Japanese for Busy People I, 3rd Revised Edition，国際日本語普及協会，講談社インターナショナル，2006.

Situational Functional Japanese Vol. 1，第2版，筑波ランゲージグループ，凡人社1995.

『実力日本語——豊かな語彙・表現力をめざして——（上）』東京外国語大学留学生日本語教育センター，アルク，1999.

『初級日本語　げんき　ワークブック』，坂野永理・大野裕・坂根庸子・品川恭子，The Japan Times，2000.

『しんにほんごのきそⅠ　本冊』，海外技術者研修協会，スリーエーネットワーク，1990.

『NHKテレビ日本語講座　新にほんごでくらそう』，2004年4・5月号，日本放送出版協会，2004.

『みんなの日本語　初級Ⅰ　本冊』，スリーエーネットワーク（編），スリーエーネットワーク，1998.

引用文献

石黒武人(2007)「謝罪をめぐる日米文化摩擦——ハワイ沖実習船衝突事故に関する新聞報道の内容分析——」『異文化コミュニケーション論集』5，pp. 107-120，立教大学大学院異文化コミュニケーション研究科.

大沢裕子・郷亜里沙・安田励子(2010)「インターネット上のクチコミにおける苦情への返答——サイト閲覧者の視点から——」『待遇コミュニケーション研究』7，pp. 1-16，待遇コミュニケーション学会.

尾崎善光(2005)「依頼行動と感謝行動から見た日韓の異同」『日本語学』24-8，pp. 42-51，明治書院.

金庚芬(2005)「会話に見られる「ほめ」の対象に関する日韓対照研究」『日本語教育』124．pp. 13-22．日本語教育学会．

金眞映(2005)「韓国との比較を通した日本人のうなずき行動に関する研究──異文化理解の観点から──」『異文化コミュニケーション』8．pp. 105-122．異文化コミュニケーション学会．

洪珉杓(2007)『日韓の言語文化の理解』風間書房．

定延利之(2005)『ささやく恋人，りきむレポーター』岩波書店．

清ルミ(2003)「「つまらないものですが」考──実態調査と日本語教科書の比較から──」『異文化コミュニケーション研究』15．pp. 17-39．神田外語大学異文化コミュニケーション研究所．

清ルミ(2004)「コミュニケーション能力育成の視座から見た日本語教科書文例と教師の"刷り込み"考──「ないでください」を例として──」『異文化コミュニケーション研究』16．pp. 1-24．神田外語大学異文化コミュニケーション研究所．

清ルミ(2005a)「コミュニケーション能力は育つか──禁止表現からみた日本語教材──」『スピーチ・コミュニケーション教育』18．pp. 41-54．日本コミュニケーション学会．

清ルミ(2005b)「メディアをウォッチする──メディア分析──」，石井敏・久米昭元(編)『異文化コミュニケーション研究法』pp. 143-156．有斐閣．

清ルミ(2006)「禁止の場面における現実の言語表現──医師と美術館員の場合──」『世界の日本語教育』16．pp. 107-123．国際交流基金日本語事業部企画調整課．

清ルミ(2007)『優しい日本語──英語にできない「おかげさま」のこころ──』太陽出版．

清ルミ(2008)『ナイフとフォークで冷奴──外国人には理解できない日本人の流儀──』太陽出版．

清ルミ(2009)「テレビにおけるコマーシャルの表現」，中島平三(監修)，岡部朗一(編)『シリーズ朝倉〈言語の可能性〉7　言語とメディア・政治』pp. 91-113．朝倉書店．

清ルミ(2010)「初級対象の教案インタビューにあらわれた教師の教授意識──教師はコミュニケーション能力育成の視点を有しているか──」『異文化コミュニケーション研究』22．pp. 53-77．神田外語大学異文化コミュニケーション研究所．

清ルミ(2012)「日本語教師は一般の言語意識をどうみるか」『常葉学園大学研究紀要

外国語学部』28, pp. 101-121, 常葉学園大学.
鄭加禎・上原麻子(2005)「謝る意識——中国人, 日本人, 台湾人の対照研究——」『ヒューマン・コミュニケーション研究』33, pp. 99-119, 日本コミュニケーション学会.
東山安子(1997)「非言語メッセージ」, 石井敏・久米昭元・遠山淳・平井一弘・松本茂・御堂岡潔(編)『異文化コミュニケーション・ハンドブック』pp. 63-58, 有斐閣.
中川典子(2003)「日本と韓国のビジネスマンの「自己開示」に関する比較調査——状況による要因から——」『異文化間教育』17, pp. 62-77, 異文化間教育学会.
日本語教育学会(1988)『日本語教育機関におけるコースデザインの方法とコース運営上の教師集団の役割の分担に関する調査研究——報告書——』日本語教育学会.
李善姫(2006)「日韓の「不満表明」に関する一考察——日本人学生と韓国人学生の比較を通して——」『社会言語科学』8-2, pp. 53-64, 社会言語科学会.

母語話者には意識できない
日本語会話のコミュニケーション

宇佐美まゆみ

1. この論文の主張

　コミュニケーション重視の言語教育が叫ばれるようになってから久しいが，日本語教育の現場では，未だに「自然なコミュニケーション」を効果的に習得させるような実践が行われているとはいえない。その理由の一つに，そもそも「自然なコミュニケーション」とはどのようなものなのかという実態が明らかになっていないということがある。もう一つは，「自然なコミュニケーション」の習得に適した教材がないということである。教育効果の多くは，各々の教師の「指導の仕方の工夫」と，「学習者の自己努力」に依存していると言っても過言ではない。
　この論文では，このような状況を改善するためには，次の(1)と(2)が急務であることを主張する。
　　（1）「自然なコミュニケーション」の実態を明らかにする自然会話分析研究を充実させる。
　　（2）(1)の結果明らかになった特徴を十分に生かせる「自然会話を素材とする教材」の開発研究を推進する。
　具体的には，2.と3.で，自然会話コーパスから実際のやりとりを抜粋しながら，「母語話者が意識していない日本語会話のコミュニケーション」を例示する。次に，4.では，日本語母語話者の社会人初対面二者間会話における敬語の使い方に関する実証研究の結果を，母語話者が意識していないコミュニケーション行動という観点からまとめる。また，2.

から4.を総合的に捉え,「コミュニケーション能力」については,次の3点を指摘する。

（３）「コミュニケーション能力」とは,文法的に正しい文や複雑な文を一人で作ることができるという能力ではなく,「相手の発話の意図を理解する能力」と「理解したことを適切に相手に伝える能力」,さらには,「相手が言わんとすることを予測する能力」と「予測したことを適切なタイミングで相手に伝える能力」,および,相手への配慮を言語で表現する力から構成される。

（４）「聞き手としての反応」は,話し手の発話の意図を即座に理解し,それに適した反応を返す必要があるという意味で,文法的には難しくなくても,高度なコミュニケーション能力の一つであると言える。

（５）母語話者のコミュニケーションの仕方を観察し,その特徴やポライトネス効果などを見抜く観察力,類推力もコミュニケーション能力の一部を成している。

5.から7.では,自然会話を文字化した資料と創作された会話とを対比しながら分析し,（３）から（５）で指摘した「コミュニケーション能力」を育成するには,「自然会話を素材とする教材」を活用することが必須であることを論じる。最後に8.では,この論文の考察のまとめとして,次の（６）,（７）のような研究が必要であることを主張する。

（６）文型や機能の観点からではなく,様々な「活動場面や状況」に現れうる自然な語彙・表現や会話のストラテジーという観点から,コミュニケーション活動のあり方,および,それらの修得のプロセスを可視化し,体系化していく研究

（７）それらの知見を日本語教育のカリキュラムの中に効果的に位置づけていくための研究

これからの日本語教育のためには,このような形で「日本語教育学研究のパラダイムの転換をはかる」ことが必須である。これがこの論文の主張である。

2．母語話者は母語場面ではいかなるやりとりをしているのか

　ここでは，特に注記がない限り，『BTSJによる日本語話し言葉コーパス（トランスクリプト・音声）2011年版』の中の日本語母語話者同士の会話である「母語場面」と日本語母語話者と非母語話者の会話である「接触場面」の実際の会話データの中から，特徴的な例を抜き出して例示していく。文字化資料は，宇佐美まゆみ（2011）に基づくものである。文法だけではない人間の相互作用の分析には，やりとりに関する情報が詳細で合理的な文字化によって表されていることが必須であるが，この論文では，読みやすさを考慮して，一部，変更・簡略化して記す。

　各発話文には通し番号をつけてある。下線は，当該機能の箇所を表す。⎣は，二人以上の話者が一文を形成する共同発話文を示す。
　< >|<| と < >|>| は，同時に発話されたもので，重なった部分双方の発話を< >でくくり，重ねられた発話には，< >の後に|<|をつけ，重ねた方の発話には，< >の後に，|>|をつける。短く，特別な意味を持たない「あいづち」は，相手の発話中の最も近い部分に，（　）で囲って入れる。「…」は，音声的な言いよどみがあるものである。句点には，「、」を使うのがBTSJの原則になっている。
　次の（8）は，中途終了型発話と，それへの反応が共同発話文になっている例である。

　　　（8）［Aの子どもが，社会科が苦手だという話］
　　　　　1　A　まーなんだか、あのそうですね、世の中の動きとか
　　　　　　　　そういうのに自然に興味がもてると、すごくおもしろ
　　　　　　　　いんだろうと＜思うんですけれど＞|<|。
　　　　　2　B　＜そうですね＞|>|。
　　　　　3　A　まあ、何でも（ええ）そうなんでしょうけど（えーえー
　　　　　　　　えーえー）、こうやらなきゃいけない強制として（えー）
　　　　　　　　やらされるとやっぱり…。←［1］中途終了型発話
　　　　→4　B　いやみたいですね。←［2］共同発話文

ライン3では「やっぱり」という発話の後に音声的な言い淀みと間があるため，この発話は，単独の発話文としては言い淀む形で一旦終了して

いると捉えられる。しかし、次にBがAの中途終了型発話を引き取って続けることによって、「強制としてやらされるとやっぱりいやみたいですね」という一つの共同発話文ができあがる。相手の中途終了型発話は、そのままにしておいてもよいことも多いが、この例のように、聞き手が話し手の意図を推測し、構文的にも適合する形で共同発話文の形をとる反応にして、結果として無意識のうちに「話し手の意図を理解していること」や「共感を示す」ことも、母語場面では多い。

　非母語話者は、先行話者が、「やっぱり…」などのように言い淀んだ時が、後行発話を続ける一つのタイミングであることに気づく必要がある。「共同発話文」を適切に行うためには、相手が言いたいであろうことのいくつかの選択肢の中から、最も適切だと思うものを瞬時に選択して発話する必要がある。先行発話の内容によっては、話者間に最低限の情報や文化的価値観の共有ができていることが必要なため、単なる日本語力以外の知識も必要となる場合もある。

　次の（9）は、教員と事務職の勤務形態の違いなどについての背景知識も、ある程度必要な場合の例である。一方の、話者のストーリー性のあるナラティブの中の、あいづちなどが入りうる区切りのところで共同発話文が出ており、しかもそのパターンが複数回連続している。これは、「共同発話文」をより長い談話レベルからみた、会話のスタイルにも通じる特徴で、これまではあまり指摘されていない。このような談話レベルから見た「かけあい」的なやりとりも、母語話者の会話の自然さを構成している要素の一つになっている。

　以下の例中、英式コンマ2つ「,,」(半角) は、1発話が複数の行にまたがっており、その行ではまだ発話文が終了していないことを表す。その次の同一話者の「。」によって、発話文が完了したことを示す。

　　　（9）［事務職は、教師に比べて、産休・育児休暇がとりにくいという話題の後半］
　　　　　1　A：うちは、先生方は、あの、講義が、あの、なくなるだけで、他の（ええ、ええ）非常勤とか、そういう方が（ええ、ええ）やって下さるから（ええ）いいんです

けど、あの、そう、事務系とかそういうところは、
(そう)<u>本当にそのまま</u>„ ← ［1］未完了発話文
→2　B：<u>穴が</u>＜<u>あいちゃいますからね</u>。← ［2］共同発話文
　　　［中略］
3　A：で、それをやって、それから、あのー、休みに入っ
てからも(ええ)<u>一週間に一回ぐらいは</u>„ ← ［3］未完
了発話文
→4　B：<u>出て</u>。← ［4］共同発話文
　　　［中略］
5　A：組織がばっーと(ふーん)改正されたんで、今のとこ
ろは、<u>あたしの穴って言うのが</u>„ ← ［5］未完了発話文
→6　B：<u>ええ、＜ないんですね</u>。＞ |<| ← ［6］共同発話文

　このように母語話者同士のやりとりは，テンポがよく，同時発話が多い。よく観察すると，その中でも共同発話文の形をとった「確認」などが頻繁かつ巧みに使われていることに気づく。このようなやりとりは，母語話者は意識して行っていることではないが，「自然なコミュニケーション」を構成する一つの要素である。また，間接的に相手に共感を示すことにもつながるので，円滑なコミュニケーションのためのストラテジーとしてのポライトネスにも関係してくる。
　これらのことを踏まえて，これからの日本語教育で取り上げる必要があることの具体例として，次の(10)から(12)を挙げる。
　(10) 相手が発した，文を最後まで言いきらない「中途終了型発話」の意図を理解できる力を養う。⇒言外の意味や機能を理解する力を身につける。
　(11) 自らも「中途終了型発話」を適切に使える力を養成する。⇒相手との共話を誘発する日本語に特徴的なやりとりの一つであり，ポライトネスにもかかわる。
　(12) 話し手が文を完結する前に，文の後半部を予測して文を完結させる「共同発話文」が適切に使える力も養成する。⇒相手の発話の意味や意図を予測する力と構文力を身につける。

3. 母語話者は接触場面ではいかなるやりとりをしているのか

次に，母語話者と非母語話者が話す「接触場面」における母語話者の特徴をあげる。共同発話文に関しては，「助け舟」を出す形のものが相対的に多くなる。次の(13)は，初対面の会話において，母語話者の発話が，非母語話者の文法事項の自律学習を促進している，宇佐美まゆみ(2008)がいう「相互作用と学習」に関する例である。

(13) ［日本の高校生が短いスカートをはいていることに驚いたという話の後で］
 1 非母語話者：ほんこん，香港の高校生は，そん，そんなに，えー，服を着たら，えー，先生は，え，先生，<u>先生をしか</u>…＜しか＞|<|,, ← [1]未完了発話文
 2 母語話者：＜先生＞|>| にしかられますか。← [2]修復型確認
 3 非母語話者：うん，<u>しかられます</u>。← [3]自律学習
          （木林理恵が1999年に収集）

母語話者は日本語教師ではなく，このやりとりも教室外の自由会話の中のものである。それでも，母語話者は，非母語話者と会話をしていると，自然に「助け舟」を出したり，非母語話者の発話やその一部を文法的に正しい文や語句で言い換えたり，共同発話文という形をとって修復したりする。これも，当の母語話者は，意識して行っているわけではない。今後の課題として，次の(14)をあげておく。

(14) あいづち，共同発話型確認などの母語話者の自然な「聞き手としての反応」が，いかに学習者の自律学習に影響を与えるかについて，日本語教育の観点から研究する必要がある。

また，教育現場に示唆できることとして，次の(15)をあげる。

(15) これまでのコミュニケーション教育では，「いかに話すか」ということのみに焦点が当てられてきたが，これからは，「いかに相手の発話を聞き，それにいかに反応するか」についての教育にも，もっと力を入れる必要がある。

次に，不動産屋での日本語超級話者のやりとりの一部を見ることによって，レベルの高い非母語話者がどのような言語行動を行っているかも見てみよう。
　(16)　［不動産屋での超級話者と店員とのやりとり］
　　　 1　店員：和室は嫌 'や' ですか？。
　　　 2　李　：え、別に嫌 'いや' でもない、(＜笑い＞)い、嫌 'いや' ではないんですけれども、あの、できれば＜っていうことで＞|＜|。
　　　 3　店員：＜できれば＞|＞|洋間のほうがいいですか？。
　　　 4　李　：はい。　　　　　　（宇佐美まゆみ(2009：p. 55)）

　ここでは，2の李の発話の中の「あの，できればっていうことで」を，「二重中途終了型発話」の例としてあげておく。日本語超級話者と言える韓国人の李さんが，店員に和室はいやかと尋ねられたときの答えである。通常，「できれば…」という言い淀んだ形の中途終了型発話は，相手に無理強いはしないことを表すやわらげ表現として使うが，ここでは，「いやではないが，できれば…」と「っていうことで」という中途終了型の慣用的表現を2つ組み合わせて使うことによって，「和室より洋間がよい」という自分の要望のポイントに一言も触れることなく，自分の意図を伝えることに成功している。「できれば洋間のほうがいいですか」と，洋間希望の旨を，店員のほうから確認させることにつなげ，それによって自分の意図が伝わったことを確認することにもなっている。自己主張を明示的にはしないという日本語に特徴的な言い方であり，間接的なポライトネス・ストラテジーともなっている。
　しかし，初級や中級の学習者がこの発話を聞いた場合，意図を理解できない可能性もある。事実，筆者が英語で論文を書く際に，発話の意味が英語話者にもわかるように，例えば，「できれば，（洋間がよい）」のように，英語では，「（洋間がよい）」の部分を補って記載することがあるが，そんな時，英語母語話者の研究者から，「どうしてあなたにそれがわかると言えるのか」と何度も問われ，説明に苦心したものだ。つまり，省略されている部分をそのままにして英語に直訳すると，日本語が

意味することが伝えられないが，かといって，こちらが省略された部分を補っておくと，上のように問いただされることになる。

このような「二重中途終了型発話」や，「省略」も，母語話者はほとんど意識せずに使っているが，それを「意図がわかりにくい言い方」だとして困っている非母語話者は多い。それにもかかわらず，文脈などのより長い談話レベルで考える必要のある「省略」や「中途終了型発話」の意味や意図，その解釈の仕方については，日本語教育の現場ではあまり扱われることがない。しかし，有能な日本語学習者は，母語話者のコミュニケーションの観察や接触場面での経験を通して，これらの表現方法やストラテジーを身につけていくようである。有能な日本語学習者は，いったいどのようにしてこのような言い回しやコミュニケーション・スタイルを身につけていくのだろうか。次の(17)を提起したい。

(17) 「中途終了型発話」や「二重中途終了型発話」など，広くは「省略」にかかわる現象の理解と産出，およびその学習のメカニズムを明らかにしていく研究が必要である。

これらに類する「やりとり」を授業でも扱って可視化すれば，自然なやりとりが習得できる非母語話者が増えることが期待できる。

4．現代の日本語母語話者は敬語をどのように使っているのか

次に，宇佐美まゆみ(2001)，Usami(2002)の研究結果の一部を，「母語話者が意識していない日本語のコミュニケーション」という観点からまとめ直して紹介する。この研究は，話者間の力関係(年齢・社会的地位の差)がいかに言語行動に影響を与えるかを「ディスコース・ポライトネス」という観点から分析するため，35歳のベース(女性12名)に，それぞれ同性，異性の「年上(45歳)」「同等(35歳)」「年下(25歳)」の計6通りの初対面の相手を割り振って，約15分ずつの会話，合計72会話を収集し分析したものである。その結果の一部として，以下のことが明らかになった。

(18) スピーチレベルの使用比率は，「敬語使用(尊敬語や謙譲語を含む発話)」が5-10％，「丁寧体のみの発話」が55-65％，

「普通体の発話」が5-10％,「中途終了型発話など丁寧度を示すマーカーのない発話」が25-30％であった。
(19) 規範からは，年上の相手に対して敬語がより多く使われることが予想されるが，実際には年齢・社会的地位が高い相手に敬語がより多く使われるということはなく，年下の相手も含めて，誰に対してもほぼ同頻度の敬語が用いられていた。
(20) しかし，スピーチレベルの「シフト」を分析した結果，実は年上に対して敬語がより多く用いられるのではなく，年下に対して敬語を用いないダウンシフトがより多く行われていたのだということが明らかになった。
(21) また，従来，親しみを表す「ポジティブ・ポライトネス」の機能も持つとされているダウンシフトは，年上の相手には，ほとんど行われていないことが明らかになった。

以上の(18)から(21)の結果から，次の(22)(23)が言える。
(22) 社会人の初対面の会話において，相手への待遇をより顕著に反映しているのは，「敬語の使用」ではなく，むしろ，「敬語の不使用」というダウンシフトのほうである。
(23) 丁寧体から普通体へのダウンシフトは，相手に親近感を表す「ポジティブ・ポライトネス」の機能を持つが，だからと言って，いつ，誰に対して行ってもいいというわけではない。

また，年齢・社会的地位が高い相手に対して敬語がより多く使われるということはなく，年下の相手も含めて誰に対しても，ほぼ同頻度の敬語が用いられていたという(19)の結果に関しては，次のようなことが明らかになった。つまり，全発話の約3割を占める「あ，ちょっと…。」などのような中途終了型発話や「ええ，ええ。」,「あ，明日。」などの「丁寧度を示すマーカーのない発話」を取り除いて集計してみると，規範どおりに，年齢が上の相手に対してのほうが敬語の使用率が高かったということが明らかになったのである。

この結果から，次の(24)のことが示唆できる。
(24) 社会人初対面の会話においては，「丁寧度を示すマーカーの

ない発話」は，敬語使用によって人間の上下関係が明確に示されるのを覆い隠す機能を持っている。
　これらの実際の会話における敬語の使用・不使用，そのシフト操作などは，ほとんど無意識の言語行動である。にもかかわらず，一定の手順を踏んで分析すると，これらの言語行動が，その背後にある人間の心理を反映していることが見えてくる。それは，次の(25)のようにまとめることができる。

(25) 現代の日本語母語話者は，初対面の相手に対しては，相手によって敬語の使用・不使用を区別するような言葉づかいは，旧来的価値観に基づく人間の上下関係を示すことになるため避けたいと思っている。そこで，中途終了型発話等によって敬語回避を行ったり，時にはスピーチレベルのダウンシフトによって，初対面の相手にも親しみを表そうとしたりする。しかし，ダウンシフトは，年下により多く起こり，年上に対してはあまり行われていないことなどから，結局は，規範的な敬語使用の原則は破れないと考えていることがわかる。

　つまり，無意識のスピーチレベルのシフト操作には，「現代日本語母語話者」の対人行動に関する微妙な心理が反映されていると見ることができるのである。また，日本語教育の観点からは，次の(26)が言えよう。

(26) このような，母語話者が無意識のうちに行っている微妙な「人間関係の調整」のあり方について，そのような現象があるということを学習者にも理解させておく必要がある。

　つまり，日本語会話においては，単純に規範通りに敬語を使っていさえすれば，円滑なコミュニケーションが保証されるというわけではないのである。これらの現象は，実際の体験と「自然な会話」の観察や分析を通してしか学べないことである。そこに自然会話分析の意義がある。
　次の5.では，これまでに例示した日本語母語話者が意識していない言語行動の特徴を踏まえた上で，作られた教材と自然会話を対比しながら，作られた教材の「自然なコミュニケーション」という観点における限界を示すとともに，自然会話素材のコミュニケーション教育教材とし

ての有効性を示していく。

5. 作られた会話と自然会話にはどのような違いがあるのか

　ここでは，教科書の「注文場面」と，シナリオのない自然な「注文場面」を対比させることによって，教科書では学ぶことのできないどのようなことが，自然会話を素材とする教材では学べるのかを示す。まず，最初に，教科書における注文場面を見てみよう。次の(27)は，ある教科書の「Lesson 3　食べる」の中の「注文場面」のダイアローグである。「ええと」というフィラーも入れてあり，その説明もつけてある。また，メニューを指して，「これは何ですか？」と尋ねさせ，文型中心の教育の不自然さの代名詞にさえなっている文型を，より自然な文脈の中で使わせてもいる。注文という目的を達成するために最低限必要な表現だけでなく，注文場面でありえる他の表現も含め，可能な限りの自然な文脈を考えてある。しかも，やりとりにはまったく無駄がない。そういう意味では，まさに「教材作成者」の工夫が感じられるものになっている。しかし，実は，それでも，全くシナリオのない「自然な注文場面における会話」とは，かなり異なっているのである。どう異なるかについては，以下の(27)(28)の後，より詳しく考察する。(27)(28)における下線は，引用した教科書のままである。

　　(27)　Ⅰ．At a restaurant/attracting attention
　　　　ア　リ：すみません。
　　　　店　員：はい。お待たせしました。
　　　Ⅱ．Ordering
　　　　ア　リ：エビグラタンとサラダ
　　　　店　員：はい。
　　　　李　　：(*Pointing to the menu*) これは何ですか。
　　　　店　員：ビーフカレーです。
　　　　李　　：じゃ、これ、お願いします。
　　　　店　員：お飲み物はよろしいですか。
　　　　ア　リ：ええと、コーヒー。

　　　　　李　：コーヒー、2つお願いします。
　　　　　店　員：以上でよろしいですか。
　　　ア　リ：はい。　　　　（『はじめのいっぽ』Lesson 3, p. 56）

次の(28)は、(27)の続きにあたるものである。「教科書」において「注文場面」というと、とかく注文する際の表現や文型だけが扱われやすい中で、ありうる可能性の一つとして、「注文したのに運ばれてくるのが遅いものを確認する」という設定のやりとりも提示している。このあたりにも、文型や機能だけではなく、場面における状況の自然さを考慮に入れた作成者の工夫が感じられる。

(28)　　Ⅲ. Asking about one's order
　　　　　ア　リ：すみません。
　　　　　店　員：はい。
　　　　　ア　リ：あのう、エビグラタン、まだですか。
　　　　　店　員：あ、申し訳ありません。すぐできます。
　　　　　　　　　　　　　　（『はじめのいっぽ』Lesson 3, p. 57）

ただ、ここでは、「すみません」には説明があるが、「あのう」には説明がない。むしろ、ポライトネスの観点からは、(27)の下線部の「ええと」よりも、(28)の3行目の「あのう」のほうが重要である。これがあるかないかで、店員への「フェイス侵害度」(相手の非を責めるなど、相手の「不可侵欲求」に立ち入る度合い)の強さが異なるからである。

現在の教科書では、フィラーなどに触れてはいても、それが円滑なコミュニケーションのためのポライトネスにどのようにかかわっているかという観点にまで踏み込んだ説明をしているものは、ほとんどない。このような「やわらげ機能」をはじめとする様々なフィラーの使い方とその機能なども研究を進めるとともに、今後は、日本語教育においても体系的に指導していく必要がある。

いずれにしても、上の(27)と(28)は、次の(29)のまったくシナリオのない自然な注文場面におけるやりとりと比べてみてはじめて、それが自然とは言えないことがよくわかると言っても過言ではない。作られた会話と自然会話のどこが異なるかに注意しながら、次の(29)に目を通して

いただきたい．これは，実際のレストランでのやりとりを録画したものを，発話に忠実に文字化したものである．文字化方法は，宇佐美まゆみ(2011)に基づいたものである．教材としては，動画とともに文字化資料を使用することを想定している．

　会話中の記号は，以下の意味を表す．

　　＃：聞き取れなかった発話

　　2-1，2-2という発話文番号：間に相手の発話が挟まれたが，本来，
　　　一つの発話文であると認定したもの

　　下線部：このやりとりに現れる，通常の教科書とは異なる「指導項
　　　目」の主なもの

(29)　［BとBの元指導教員A，Bの現在の同僚のCとのシドニーのレストランでの注文場面］

　　1　　A　わたし、でも、きょう、カツ丼にしようかな。
　　2-1　B　ああ、＜ええ＞|＜|。
　　3　　A　＜＃＃＃＃＞|＞|か、ぜんぜんちがうもの、って＜かんじで＞|＜|。
　　2-2　B　＜うん、うん＞|＞|、＜うん、うん＞|＜|。
　　4　　A　＜じゃあ＞|＞|、＜そうします、ね＞|＜|。←［1］動詞のアップシフト（1Aでは、「しようかな」が使用）
　　5　　B　＜じゃあ、せんせい＞|＞|、ビ、ビールも…。←［2］目上への質問の仕方
　　6　　A　あっ、そうね。
　　7　　A　ビールもいきましょうね。←［3］「行く」の意味・機能と使い方
　　8　　B　はい。←［4］「はい」の意味・機能と使い方
　　9-1　B　サッポロ、でも、この地元のビクトリア＜ビターが＞|＜|。
　　10　　A　＜ええ＞|＞|地元でいきましょう。←［5］「行く」の意味・機能と使い方
　　9-2　B　＃＃＃＃＃＃。

11	A	<そしたら>…。
12	B	<＃＃＃>、あ、飲めないの。← [6]ダウンシフト
13	C	はいー。← [7]「はい」の意味・機能と使い方
14	B	お茶、お茶かなんか<飲む>|<|?。← [8]ダウンシフトの継続
15	C	<あっ>|>|、これで、大丈夫、<はい>|<|。← [9]「はい」の意味・機能と使い方
16	B	<じゃあ>|>|、私もビール。
17	B	じゃあ、よろしい<ですか>|<|。← [10]アップシフト
18	A	<じゃあ>|>|、はい、そのあたりの##からね、<はい>|<|。← [11]「はい」の意味・機能と使い方
19	B	<では>|>| ####、##ですね。
20	A	はい。← [12]「はい」の意味・機能と使い方
21	B	じゃあ、ちょっと、すいませーん。
22	店員	はい。← [13]「はい」の意味・機能と使い方
23	B	おねがいします。← [14]「お願いします」の意味・機能と使い方
24	B	えーとですね。
25	店員	<はい>|<|。← [15]「はい」の意味・機能と使い方
26	B	<えーと>|>|、せんせいが、カツ丼ですね。
27-1	B	カツ丼がひとつと〟
28	店員	はい。← [16]「はい」の意味・機能と使い方
27-2	B	えーと〟
29	店員	はい。← [17]「はい」の意味・機能と使い方
27-3	B	つけ麺。
30	C	はい。← [18]「はい」の意味・機能と使い方
31	B	つけ麺と、えっと(はい)、わたしが、えー、チャーシューラバーズらーめんの、ナチュラル(はい)、塩ですね。
32	店員	はい、ありがとう<ございます>|<|。← [19]「は

い」の意味・機能と使い方

33　B　<あと>|>|、ビール、ビクトリアビターをふたつ、おねがいしま<す>。 ← [20]「お願いします」の意味・機能と使い方

34　店員　<はい>、承知いたしました。← [21]「はい」の意味・機能と使い方

35　B　はい。← [22]「はい」の意味・機能と使い方

36　店員　はい、ご注文繰り返します。← [23]「はい」の意味・機能と使い方

37　B　はい。← [24]「はい」の意味・機能と使い方

38　店員　カツ丼お一つ、つけ麺お一つ、チャーシューラーメンのお塩がひとつ。

39　B　はい。← [25]「はい」の意味・機能と使い方

40　店員　そしてビクトリアビターがおふたつ。

41　B　そうですね、はい。← [26]「はい」の意味・機能と使い方

42　店員　はい、ありがとうございい<ます>|<|。← [27]「はい」の意味・機能と使い方

43　B　<はい>|>|、お願いしまーす。← [28]「はい」と「お願いします」の意味・機能と使い方

まず，シナリオのない自然会話の文字化資料からわかる「何が作られた会話教材と違うのか」という特徴とその捉え方を示す。

(30)　約1分のやりとりも，忠実に文字化すると，「かなり短い断片的な言葉のやりとりが続く，長い談話となる」ことがわかる。これこそが「日本語の自然会話」の顕著な特徴である。

(31)　< >|<|, < >|>| の記号の多さから同時発話が多いことがわかる。会話のテンポやあいづちのタイミングともかかわる。

(32)　聞き取り不能な箇所（＃＃＃）も多い。特に3名以上の会話では，現実にもそういうことが多い。聞こえない部分を推測したり，聞き返したりする力をこそ養う必要がある。

(33) 主に店員とBとのやりとりとなる23以降，お互いが頻繁に，あいづちや確認の「はい」などを入れながら，注文という相互作用が進んでいくことがよくわかる。この「はい」の多い「かけあい」的なやりとりも自然会話の特徴である。

(34) 「えーっと」以外のフィラーは，意外にもさほど多くない。

このようなテクストを見て，「だらだらと長く，無駄が多くて使えない」と考える日本語教師は多い。そのため，フィラーやあいづちは適当に省いて，情報伝達にかかわる発話を中心にまとめ直して教材として使おうとする。しかし，一見，無駄に見え，冗長な印象を与えているのは，オーバーラップの多さや「かけあい」的なやりとりにより，話者が頻繁に交代する上に，文字化の記号があってテクストとして見にくくなっているからにすぎない。動画と併行してテクストを見ると，むしろわかりやすい。また，文字化された発話をよく見ると，意外に「正しい文」が並んでいることにも気づく。このことから，教科書の会話と自然会話が違うという印象を与えているのは，発話文自体ではなく，むしろ，オーバーラップや，文の途中の頻繁な話者交代というような「やりとり」のほうであり，それらこそが「自然なコミュニケーション」を構成している重要な要素であることが分かるのである。そしてそれらをこそ，これからの日本語コミュニケーション教育では，扱っていく必要がある。

6. 自然会話のどのようなことが指導項目になりえるのか

ここでは日本語教育の指導項目になりえる個々の要素や現象の詳しい説明が主旨ではないので，(29)の注文場面のテキストの中の，通常の教科書の会話には出て来ない自然会話ならではの指導項目（[1]から[28]）を中心に，「自然会話」の特徴と，その中のどのような現象が指導項目となりえるかについて，次の(35)から箇条書きにしてまとめる。

『自然会話で学ぶ日本語コミュニケーション──試作版──』に記されているように，実際に教材として使うときは，対象レベルを限定せず，どのレベルの学習者にも，その興味やレベルなりのことを学習してもらうようにすることを推奨する。どのレベルも動画を見る前に，ユニット

のテーマと簡単な状況説明だけからどのような展開になるかを予想させたり，次に，まず動画だけを見て何がわかるか，何をしていると思うかなどを推測させたりする。その後，動画を字幕付きや字幕なしで観たり，動画を観ながら「文字化資料」を確認したりする。学習者のレベルや興味に応じて，次のようなことが提示できる。

(35) まず，注文には，各人がそれぞれ自分のものを注文する場合と，誰かがとりまとめて全員分を注文する場合があることを意識化し，その際に必要となる表現が提示できる。

(36) 例えば，作られた教材であれば，「先生は，ビールを召し上がりますか？」というくらいになるところ，自然会話の(29)の5Bでは，「じゃあ，せんせい，ビ，ビールも…。」となっていることなどから，中途終了型発話が導入できる。

(37) [14]，[20]，[28]の「お願いします」は，「レストランでの注文場面」における約1分間の短いやりとりの中に自然に3回も現れる。しかも，それぞれ，「注文を聞いてください」[14]，「以上を注文する」という意味[20]，「よろしくお願いします」の意味[28]というように，それぞれ異なる意味で使われている。同じ語彙や表現が異なる機能を持っていることを，自然かつ効果的に示すことができる。

(38) 基本的な語彙である「行きます」に関して，7Aの「ビールもいきましょうね」や，10Aの「地元でいきましょう」などの使い方が提示できる。これは初級学習者は，不思議がる使用法であろう。これは，あるワークショップで初級学習者から質問されてはじめて気づいた点である。

(39) 「はい」については，かなり頻繁に使われ，しかもそれぞれの機能が異なるため，創作会話ではなかなか意識できないそれぞれの使い方や機能を指導する格好の材料となっている。

(40) 38の店員の「カツ丼お一つ，つけ麺お一つ，チャーシューラーメンのお塩がひとつ。」という発話では，「店員が注文を繰り返す際の表現」と，「お塩がおひとつ」ではなく「お塩

がひとつ」となる理由を考えさせたりもできる。
- (41) [1]，[6]，[8]，[10]などの発話文から，同じ場面でも相手や状況によって，スピーチレベルがアップシフトしたり，ダウンシフトするというスピーチレベルの使い分けが扱える。

7. なぜ自然会話を素材とする教材が必要なのか

　このようなコミュニケーションにかかわる現象自体は，語用論やコミュニケーション論，言語社会心理学等々の研究で扱われるようになってはきていた。しかし，宇佐美まゆみ(1999)が指摘したように，それらを「日本語教育のための」という「視点」で捉え直し，「日本語教育のためのコミュニケーション研究」にしていくのは，日本語教育学を研究する者の責任である。よって次の(42)，(43)も強調しておきたい。

- (42) 隣接領域，特に，語用論，コミュニケーション論，言語社会心理学の分野における研究成果をそのまま鵜呑みにしたり，単なる受け売りをするのではなく，「日本語教育」という「視点」をもって，それらの知見を新たに捉え直したり，あるいは，まったく新しい視点から，日本語教育のためのコミュニケーション研究を発展させていく必要がある。
- (43) そのためには，堅固な「方法論」を持つ必要がある。

　この論文で例示してきたような，通常の教科書では扱われていない聞き手としての反応の仕方は，学習者個人個人が，母語話者との自然なやりとりの経験を数多く経ることによって，意識的・無意識的に身につけていったと推測できる。ただ，これからの日本語教育では，「これらの実際的なコミュニケーション・ストラテジーについては，教室の外で独自に学習してください」としてすませることは許されないだろう。自然会話データに基づく談話研究の成果が蓄積されつつある今日，それらを活用して，自然な日本語コミュニケーションの教育を効率化・充実化していくことは，日本語教育の喫緊の課題の一つだからである。

　その課題を解決するための一つの有効な方法として，シナリオがなく，話者の発話を自然にまかせているという意味での「自然会話」の教

材化がある。録画した動画とその文字化資料を素材とし、その中の着目すべき特徴やコミュニケーション・ストラテジー、そして文法にも解説をつけた「自然会話を素材とする教材」を作成し、活用することを提案する。主に独習用として、学習者が Web 上で、自由に、自分のペースで、自分の好きなシーンから利用できるようにすることによって、実際の日本語コミュニケーションの疑似体験が効率的にでき、学習者の自律学習が促進されるということが期待できる。学習者が必要としているにもかかわらず、教師が気づいていない要素に、学習者自身が気づく可能性も触発できる。また、教室で視聴しながら、討論をはじめ、様々な活動の題材やきっかけにすることもできる。まさに、この本の「日本語のコミュニケーション教育の方法」(品田潤子)が主張する、「作り物」ではなく「本物」を使う、現実のコミュニケーションを観察する、「やり直し方」を練習する、共同作業をする、という4つのポイントをすべてカバーする、活用方法が多様な広がりを持つ教材であると言える。自然な日本語コミュニケーション能力を養成していくには、このような自然会話を素材とする教材を用いる以外にないと言っても過言ではないだろう。

8. まとめ

この論文では、「母語話者が意識していない日本語会話のコミュニケーション」を観察、分析した結果に基づき、自然会話の教材化を推進する必要性と、今後の研究課題をあげてきた。今後の研究のあり方について大きくまとめると、そのポイントは、次の2点になる。

(44) これからは、教室でのやりとりや活動、非言語行動も含む、シナリオがないという広い意味での「自然なコミュニケーション・データ」に基づく研究が、日本語教育のためのコミュニケーション研究の一つの核になっていく必要がある。

(45) そのためには、文型や機能だけでなく、様々な「活動場面」で現れうる表現や言語・非言語ストラテジーを記述し、可視化すること、および、無限にあるとも言える活動場面の中から何を取り上げるかについての基準や条件を明確にしてい

き，それらの活動場面を体系化して，日本語教育の現場で扱えるような形にしていくための研究が必須である。

調査資料

『BTSJ による日本語話し言葉コーパス(トランスクリプト・音声)2011年版』，宇佐美まゆみ(監修)，2011
(http://www.tufs.ac.jp/ts/personal/usamiken/btsj_corpus.htm).

『自然会話で学ぶ日本語——試作版——』，宇佐美まゆみ(監修)，2007
(http://www.tufs.ac.jp/ts/personal/usamiken/omikuji_shisaku/).

『はじめのいっぽ』，谷口すみ子・萬浪絵理・稲子あゆみ・萩原弘毅，スリーエーネットワーク，1995.

『自然会話で学ぶ日本語コミュニケーション——試作版——』，宇佐美まゆみ(監修・編)，2011(http://www.tufs.ac.jp/ts/personal/usamiken/sydney-shisaku/).

引用文献

宇佐美まゆみ(1999)「視点としての日本語教育学」『言語』28-4，pp. 34-42，大修館書店.

宇佐美まゆみ(2001)「「ディスコース・ポライトネス」という観点から見た敬語使用の機能——敬語使用の新しい捉え方がポライトネスの談話理論に示唆すること——」『語学研究所論集』6，pp. 1-29，東京外国語大学語学研究所.

宇佐美まゆみ(2008)「相互作用と学習——ディスコース・ポライトネス理論の観点から——」，西原鈴子・西郡仁朗(編)『講座社会言語科学 第4巻 教育・学習』pp. 150-181，ひつじ書房.

宇佐美まゆみ(2009)「『伝達意図の達成度』『ポライトネスの適切性』『言語行動の洗練度』から捉えるオーラル・プロフィシェンシー」，鎌田修・山内博之・堤良一(編)『プロフィシェンシーと日本語教育』pp. 33-67，ひつじ書房.

宇佐美まゆみ(2011)「改訂版：基本的な文字化の原則(Basic Transcription System for Japanese: BTSJ)2011年版」
(http://www.tufs.ac.jp/ts/personal/usamiken/btsj_ver.2011.pdf).

Usami, Mayumi. (2002) *Discourse Politeness in Japanese Conversation: Some Implications for a Universal Theory of Politeness*. Tokyo: Hituzi Syobo.

第2部

非母語話者の日本語コミュニケーション

非母語話者の
日本語コミュニケーションの問題点

奥野由紀子

1. この論文の主張

　コミュニケーション場面において，非母語話者には文法だけでは説明できない問題点や，聞き手が違和感を受ける不自然な言語使用がみられる。それは必ずしも文法的な誤りではないため，聞き手にも話し手にも誤りだと認識されにくく，聞き手を疲れさせたり戸惑わせたり，失礼な人間だ，不愉快だなどと思われる可能性がある。誤解をまねき，コミュニケーションに支障をきたす恐れが大きいと言えよう。

　この論文では，実際のコミュニケーション場面やインタビューデータから収集した具体例をもとに，非母語話者の日本語コミュニケーションの問題点として，次の（1）から（6）を取り上げる。

（1）「誤解をまねく表現形式の使用」による問題点：

　　　「先生，私のパーティーに来たいですか。」これは実際のコミュニケーション場面での非母語話者の発話である。このような発話は，文法的には間違いではないが，使用する相手や状況によっては誤解をまねくことがある。

（2）「失礼な印象の確認要求表現」による問題点：

　　　日本語能力が上がるにつれ，使える表現のバリエーションは増えるが，コミュニケーションでの使い方は必ずしも適切とは限らない。「ですよね」や「じゃないですか」を多用すると，本人の意図に反して相手に失礼な印象を与えることが

ある。
(3) 「相手を不快にさせる情報提示表現」による問題点：
「わけで」「わけなんですが」「わけがありません」などの表現を非母語話者が好んで使用する場合がある。こなれた日本語にも聞こえるが，それらの情報提示表現は多用すると，相手に不快な思いをさせる場合がある。
(4) 「自分のための繰り返しと言い残し」による問題点：
非母語話者は「約10分ぐらいかな，10分ぐらいある，ある，あるいていくと」のように同じ語を繰り返したり，「まあ，また期末テストの準備を…」のように完結していない文を多用することがある。そのような発話は，聞き手を疲れさせてしまう場合がある。
(5) 「その場にふさわしくない言語形式」による問題点：
ビジネスの場面やフォーマルな場面で，非母語話者は「何だったっけ」のような話し方をすることがある。その場にふさわしいものにしなければ，非母語話者の意図に反して「幼稚な日本語」や「説得力のない日本語」になる場合がある。
(6) 「言語行動様式の無知」による問題点：
家に招待されたとき，後日，招待してくれた人に会ったらお礼を述べるのは日本語母語話者の常識である。しかし，非母語話者はこのような母語話者の言語行動様式を知らないために思いがけず相手に不愉快な思いをさせたり，「常識がない」などと思われることがある。

2. 「誤解をまねく表現形式の使用」による問題点

日本語教育ではコミュニケーション重視の教育が叫ばれ久しいが，文型積み上げ式の教科書や教材が主流であることに変わりはない。日本語教育の現場では，学習した文法や文型が練習などで取り上げられる状況または場面が限られている。したがって，非母語話者はそれらをコミュニケーション場面の中で試行錯誤しながら使用していることがほとんど

である。
　ここでは，主に初級で導入される表現形式を非母語話者が用いた際に，話し手の意図に反して，誤解をまねいてしまう可能性の高い表現形式の例を見ていきたい。
　まずはほめる場面である。「ほめ」はコミュニケーションの上で人間関係を構築する大事な機能の1つであるが，上下関係や親疎関係もからみ，母語話者にとっても「ほめる」こと，「ほめられる」ことは難しい。現に日本の書店では，母語話者用にも「ほめる技術」に関する本が多く積まれている。しかし，日本語教科書では「ほめる」「ほめられる」に焦点をあてて取り上げられることは少なく，非母語話者は自分の知り得る表現を使いコミュニケーションの中でほめようとして，以下のような表現形式を用いることがある。
　　（7）［校内を移動中，教師に会ったときの発話］
　　　　　先生，帽子をかぶったら，きれいですね
　　　　　　　　　　　　　　　　　　　　　　（ウズベク語話者，上級）
　　（8）［友だちにお土産にTシャツをあげ，それを友だちが着たのを見て言った発話］
　　　　　細く見えますね　　　　　　　　　　　（英語話者，上級）
本人はほめているつもりであるが，言われた方はまったくほめられているようには思えない。それどころか，「帽子をかぶらなかったらきれいではないのか」「私は太っているのか」と誤解をまねきそうな発話である。それは，「かぶったらきれい」という表現の裏に隠されている「かぶらなかったらきれいではない」というニュアンスや，「細く見える」という表現の裏に隠されている「通常は太い」というニュアンスを母語話者なら感じとるからである。「帽子がお似合いですね」と言いたい相手に対して使用した場合，話し手の意図に反した思いをさせてしまう危険性がある。
　初級教科書『みんなの日本語　初級Ⅱ』第27課は「可能表現」導入の課であり，そこには次のような会話が載せられている。

(9) 鈴木：明るくて，いい 部屋ですね。
　　ミラー：ええ。天気が いい 日には 海が
　　　　　　見えるんです。
　　鈴木：この テーブルは おもしろい
　　　　　デザインですね。アメリカで
　　　　　買ったんですか。
　　ミラー：これは わたしが 作ったんですよ。
　　鈴木：えっ，ほんとうですか。
　　ミラー：ええ。日曜大工が 趣味なんです。
　　鈴木：へえ。じゃ，あの 本棚も
　　　　　作ったんですか。
　　ミラー：ええ。
　　鈴木：すごいですね。ミラーさん，何でも
　　　　　作れるんですね。

（『みんなの日本語 初級Ⅱ 本冊』第27課，p. 11）

　鈴木さんはミラーさんの部屋や，ミラーさんの器用さを驚きながらほめている。しかし，教室で焦点があてられるのは，「見える」「作れる」という可能表現であり，「ほめる」に焦点があてられることは少ないであろう。たとえ会話として教科書に存在しても「ほめる」という機能は見過ごされたまま，初級を終えることも多いはずである。そして，「ほめる」状況が訪れたとき，非母語話者は相手にどのように受けとられるかを知らないまま，習った文型を使って表現してしまうのである。このように非母語話者はすでに知っている表現形式をコミュニケーション場面で最大限に活用しようとする。しかし，それがときに失礼に聞こえたり，相手をカチンとさせたりする恐れがある。

　次は「申し出」の場面である。

(10) ［アルバイトの学生が勤務時間の終了直前に別の棟に届いた雑誌を取りに行くと申し出たが，そうすると超過勤務になる状況。そこで教員が次回で構わないと言ったときの学生の発話］

　　　　早く先生に読ませた方がいいかなあと思って
　　　　　　　　　　　　　　　　　　　　　（中国語話者，上級）
　せっかく時間が超過しても取りに行こうという意思を示しても，「させる」を用いることによって，上の立場からの表現のようになり，偉そうに聞こえてしまう。
　使役は『みんなの日本語 初級Ⅱ』では第48課で取り上げられ，例文や会話には，上司が部下を「行かせる」，親が子どもを「遊ばせる」というような状況が設定されている。しかし，例文の中には(11)のように，第3者が使役を用いて先生の授業について言及しているものもあり，使役表現の待遇的制限が，非母語話者にはわかりにくい可能性がある。
　(11)　ワット先生の　授業は　どうですか。
　　　　…厳しいですよ。学生に　絶対に　日本語を　使わせませんから。
　　　　でも，言いたい　ことは　自由に　言わせます。
　　　　　　　　　　　　（『みんなの日本語 初級Ⅱ 本冊』第48課，p.186）
　(10)では先生が被使役者，(11)では先生が使役者であり，実はまったく違う構造である。しかし，非母語話者はそのような違いがわからず，(11)が言えるなら(10)も言えると誤解して使役表現を使用してしまう可能性は大いに考えられよう。
　最後に，「ほめ」「申し出」以外の場面も取り上げる。(12)と(13)は友人関係にある母語話者と非母語話者の会話である。次のような表現は，非母語話者の意図と異なる意味となり，相手が困惑する可能性がある。
　(12)　［地方の実家に遊びに来てと友だちに誘われたがお金がなく行けない状況。事情を知った友だちがお金を貸すと申し出て，それを聞いたときの発話］
　　　　気分，悪い　　　　　　　　　　　　　　（英語話者，中級）
　好意で言った言葉に対してこう言われた聞き手は驚いたが，よくよく聞きなおすと「悪い気がする」ということを言いたかったそうである。
　(13)　［気に入った女の子に対して］
　　　　きみ，かわいそうだね　　　　　　　　　　（英語話者，中級）

(13)では，気持ちを伝えるどころか，「どうして私があなたに哀れがられなきゃいけないの！」と不必要な誤解を抱かせてしまった。母語の直訳と同時に，初級教科書で習った「おいしい→おいしそう」「たかい→たかそう」から，「かわいい→かわいそう」を生み出した可能性が高い。一生懸命習った活用を駆使した結果とはいえ，残念ながらこれでは，好きな女の子も口説けないだろう。

このように初級で学んだ表現形式を非母語話者が駆使してコミュニケーションをとろうとした結果，誤解をまねく表現形式になってしまうことがある。「文法・文型ありき」の従来の教科書や教材では，そのあたりの配慮が抜け落ちている。

実際のコミュニケーション場面で，非母語話者がある機能を果たす際にどのような表現形式を用いているのか，その要因には何が関与しているのか，さらに多くの事例をもとに研究を積み上げる必要がある。

3．「失礼な印象の確認要求表現」による問題点

3．では，「ですよね」や「じゃないですか」などの確認要求表現の多用により相手に失礼な印象を与える問題について，非母語話者の変化を追ったOPIのインタビューデータから考察したい。

奥野由紀子・金庭久美子・山森理恵(2010)では，韓国語を母語とする留学生に対し，来日時，半年の予備教育修了後，そして学部在学中1年ごとにOPIを実施し，発話の変化を収集，分析している。表1はそのうちの4名の日本語能力の推移を示したものである。

表1　韓国語を母語とする留学生4名の日本語能力の変化

非母語話者	来日時	半年後	1年半後	2年半後
A	中級中	中級上	上級中	上級中
B	中級中	上級下	上級中	上級中
C	上級中	上級中	上級上	上級上
D	中級下	中級中	中級上	中級上

来日時は話すことに対して大きな負担を感じていたが，学部に入学し，日本での大学生活にも慣れた「1年半後」にはA，B，Cの3名は「上級の中」以上となり，長い談話を形成しながら映画・本・ニュースの内容等を具体的に説明したり，意見を述べたりできるようになった。
　しかし，うまくなったのは事実であるが，何か押しつけがましく，こちらが目下であるような印象を受けることも少なくなかった。例えば以下のような例である。
　　(14)　［留学プログラムへの改善点についての意見］
　　　　　選抜テストの結果だけで大学が全部，きめ，大学は全部決めるって，ってふうに，ふうになって，やっぱり大学が全部決まったわけですからみんな勉強しない<u>じゃないですか</u>(え)，僕もそうだったし，(ええ)，で，やっぱり僕が，まぁ，言いたいのはそれですよ<u>ね</u>，なんか，すぐ大学決めるわけじゃなくて，ちょっと成績とか，含めた後でやってもいいんじゃないかなと思ったんですけど，［省略］今はまだそんなこと考えたことあんまりない<u>んですよね</u>
　　　　　　　　　　　　　　（韓国語話者，1年半後，上級－中，A）
　山内博之(2004)は，OPIの各日本語能力の特徴を示す形態素を形態素解析により取り出し，上級になると「だ(助動詞)」「よ(終助詞)」が大量に出現すること，また超級では「んです」と「よね」を結びつけて使用するようになることを示している。(14)の例に見られる「よね」「んですよね」「じゃないですか」も1年半後の時点で出現し，急に増えることが多いが，印象としてよい感じを受けないのは，それらが必ずしも適切に使用できているとは言えないためだと考えられる。
　メイナード(2005)によると，「よね」は，聞き手の認識との一致を促したり確認したりする機能を持ち，「じゃないですか」には会話のトピックを導入したり，情報がまったく未知のものであってもあたかもお互いに既知であるように提示し，聞き手がそれを受け止めるように促す機能がある。これらの「確認要求表現」は聞き手との連帯感を作り出そうとしているとも言えるが，「よ」「よね」の使用は相手が情報を持って

いないことを想定することになり，特に目上の人に対しては礼を欠く失礼な印象を与えることもある。また「じゃないですか」は自分のトピックを押し付け，自分の立場を強要するような表現となり，特に目上の人に対しては押しが強すぎる印象を与えることがあるという。

これら非母語話者に対して2年半後の時点でフォローアップインタビューを行ったところ，日本語に自信がもてず，言いたいことが言えないもどかしさもあり，「でしょ」よりも丁寧な「ですよね」などの確認要求表現を多用していた時期があったと述べた。非母語話者は母語話者に自分の発話が合っているか，理解されているかを確認するためにこれらの確認要求表現を使うことがあるようである。また，韓国語にも同様の表現があり，待遇的許容度が高いことから，失礼な印象を与えるとは思わなかったと述べており，意図せずに失礼な印象を与えてしまっていたことがわかる。

このように，発話の変化を分析し，非母語話者の内省を知ることにより，なぜその時期にそのような発話を多用していたのかを知る手がかりになることもある。非母語話者の内省をそのまま誤用の要因として認定することには慎重な姿勢が必要であるが，非母語話者自身の認識や内省の有効性を認識し，もっと研究に活用すべきであろう。

4．「相手を不快にさせる情報提示表現」による問題点

次に「わけで」「わけなんですが」などの「情報提示表現」の多用による問題点を指摘する。(15)は3.で指摘した「じゃないですか」の他に「わけなんですが」「わけで」を多用している例である。

(15)　［プサンの町について説明を求められて］
　　　（プサンは）日本に例えると大阪か横浜っぽい感じで，普通は大阪に例えるんですよ，なぜかっていうと訛りが，結構激しいんで，東京と大阪みたいに，で，たとえるわけなんですが，でも，考えてみたら，人口からみると，日本の第2都市は横浜じゃないですか，というわけで，たぶん，横浜，しかも横浜は港なわけで，ええと，大阪と横浜を合わせた形なん

じゃないかと思います，プサンも港なわけで，海産物が多い
んですよ　　　　　　（韓国語話者，1年半後，上級－上，C）

　野田春美(2002)は「わけだ」は論理的必然性のある結果や帰結を表すという基本的な性質を持ち，「必然的な結果や帰結の提示」「意味の提示」「客観性の付与」という対人的な用法があると説明している。このことから，非母語話者は「わけで」「わけなんですが」を用いると論理的で客観的な話し方になり，うまく聞こえると思い込んで多用している可能性がある。

　しかし，「わけ」を使用しなくてもいいただの事実を述べる状況で用いると，理屈っぽく聞こえる場合や，相手が情報を持っていないことを想定しているように聞こえ，偉そうに思われる可能性がある。聞き手はあまりに多用されると「横浜は日本の第2都市で港町…。それぐらい知ってるよ！」と言いたくなってしまうだろう。相手を不快にさせる表現として注意する必要がある。

　さらに，「わけがありません」を多用して相手の提示した情報を否定したことにより，不愉快な思いをさせた実例を示す。

(16)　[お目当ての飲食店の名前を忘れたため，記憶にあるメニューがいくつかの候補の店にあるかどうか，電話で聞いて確かめてほしいと客から依頼された一流ホテルの韓国語話者のコンシェルジュの発話]
　　　客：定食でいくつかお料理をいただいた後，最後にカンジャンケジャンが出るようなメニューがあるかどうか聞いてもらえますか。
　　　コンシェルジュ：定食の後にカンジャンケジャンがあるわけがありません　　　（韓国語話者・上級）
(17)　[その次に自分でピックアップした候補の飲食店のメモを見せたところ]
　　　コンシェルジュ：この店は空いているわけがありません，工事中ですから　　　（韓国語話者・上級）

このコンシェルジュは「わけがありません」はただ「ありません」の婉曲で丁寧な言い方で，日本人がよく使う表現だと思い込んでいるだけかもしれない。しかし，知識のない外国人観光客を案内するという職業柄，相手の知識のなさを見下したように指摘する「わけがありません」は使うべきではない。このコンシェルジュは営業用の笑顔と共に，連続して鋭くとがめるようなニュアンスを持つ「わけがありません」を使用したことにより，客を怒らせてしまった。一流ホテルにおいては，客を不快にさせることは最も避けなければならないことであるだけに注意が必要である。

このように日本語能力が上級以上にもなると，たいていのことはうまく話せるために，かえって，失礼な人だ，不愉快な人だと人格自体を誤解されてしまう危険性がある。また，3.の「確認要求表現」や4.の「情報の提示に関する表現」などは，多用することにより，印象を悪くしてしまう可能性が高いことを知る必要があろう。

日本語能力が上がるにつれ，使える表現のバリエーションも増えてくる。しかし，非母語話者のコミュニケーション場面でのそれらの使い方は必ずしも適切とは限らない。発達の過程で増えていく表現のバリエーションに着目しつつ，それらを非母語話者がどのような立場の際にどのような機能として使用しているのかなどの使用方法や頻度にも着目し分析を進める必要がある。

また，周りのインプットなどから，コミュニケーションに便利な表現としてひとかたまりで覚え，繰り返し使用している可能性もある。今後，非母語話者へのインプットを分析し，非母語話者がそれをどのように取り入れて使用しているのかを明らかにする必要がある。

5.「自分のための繰り返しと言い残し」による問題点

日本語非母語話者とあまり接したことのない母語話者は，非母語話者と話していると「疲れる」と感じるようである。その要因は何なのだろうか。本節では，その要因として「自分のための繰り返し」と「言い残し」を指摘する。

まずは，非母語話者Bの来日時の発話(18)と一年半後の発話(19)を比較しながら，1つめの要因「自分のための繰り返し」について見ていきたい。
　(18)　［学校までの行き方を聞かれて］
　　　　うーん，その運動場知ってますか，ラグビー，ラグビーとかする，その運動場のかよって，その後ろに小さい門があります，その門をまたずっと，小さいどろー〔「道路」の意味］，小さいどろーあるいて，あるいて，約10分ぐらいかな，10分ぐらいある，ある，あるいていくと，右側に，右側に，あ，左側です．　　　　　　　（韓国語話者，来日時，中級－中，B）
　(19)　［ネット社会の匿名性について］
　　　　ええーと，ネットというのが情報の海といわれてるじゃないですか，韓国ではそういう表現をするんです，情報の海，その情報というのが，まあ，それを受取る人の責任だと思いますね．　　　　　　（韓国語話者，1年半後，上級－中，B）
　聞いていて疲労度が高いのは，明らかに来日時の発話(18)の方である。その原因の1つが「繰り返し」の多さであろう。来日時の発話で見られる繰り返しは，意図的にではなく，言おうとしている表現や次の表現が出てくるまでのつなぎとして，同一表現を繰り返す，いわば「自分のための繰り返し」と言える。このようなフィラー的な繰り返しの多い発話は，会話が冗長になり，特に日常的にあまり非母語話者に接していない者にとっては聞きづらく，会話しながらもげんなりしてしまう可能性がある。
　しかし，1年半後の(19)の発話に見られる「情報の海」の繰り返しは，韓国語でそのような表現があるという注釈としての説明を挿入した後のものであり，聞き手の理解に負担をかけないよう相手に配慮した繰り返しとなっている。
　同様に他の非母語話者Aについても比較してみたい。(20)は来日時の発話，(21)は2年半後の発話である。

(20) ［サッカーのルールについて聞かれて］
ああ，あの，これは<u>ゴール，ゴール</u>があります．ゴールマウスがありますけど，あります，えっと，ディフェンスのラインがあります．でも，クー，<u>相手の，相手の</u>，オフェンソがディペンスライン，ラインより<u>後，後</u>にあればオッフェンソは，ゴールを<u>成功，，成功，成功</u>をするで，して，あ，，<u>いいです，いいです</u>，えっと思います．
(韓国語話者，来日時，中級-中，A)

(21) ［日本に留学した理由を聞かれて］
僕の父が日本で，博士を取ったので，日本っていう詳しくはないですけど，一応知ってます．で，韓国の工学部よりは日本の工学部のほうが全然ましだといって，ちょっと僕を**に<u>押して押して押して</u>，で，来ることになりました．
(韓国語話者，2年半後，上級-中，A)

　来日時の発話(20)では，長い文を作る言語処理が追いつかないために否応なしに繰り返し，それによりなんとか文をつなげているような印象である。しかし，2年半後の(21)の繰り返しは「押して押して押して」のように，父親の強烈な勧めがあったことを強調して表現するために意図的に用いたものであり，表現効果を高めるための繰り返しであると言える。

　このように，最初は意味のない繰り返しや文法・語彙の自己修正による「自分のための繰り返し」だったものが，次第に表現効果を高めたり注釈のような働きをして，相手の理解を深める「聞き手のための繰り返し」へと変化していくことがわかる。聞き手への負担が減り，与える印象がよくなる一因と考えられよう。

　次に，聞き手を疲れさせる2つめの要因として「言い残し」の例を見ていきたい。表1で示した4名のうち非母語話者Dは他の3名とは異なり1年半後，2年半後になっても上級にならなかった。そのDの発話を分析すると，話し方の特徴として聞き手にターンを渡しながら会話を進めていくため，自然な話し方に聞こえる一方，非常に短い文で済ませる

傾向が強く見られた。また文末まで言い終えず，文の途中で止めてインタビュアーにターンを渡すような文が多いことがわかった。(22)は「見習うために」で止めて，その後を言わない例，(23)は「期末テストの準備を」で止めて，その後の動詞を言わない例である。

(22) インタビュアー：(物理学というのは)何をわかりやすくするんですか
D：だから，えっと，自然法則を，ま，見習うために
(韓国語話者，2年半後，中級－上，D)

(23) ［１日の生活について聞かれて］
んー，朝起きて，で，普通に期末テストのノート，準備のノートとかを見ながら，で，まあ，すぐ学校に来てから，まあ，また期末テストの準備を
(韓国語話者，2年半後，中級－上，D)

　白川博之(2009)は，言いたいことを言い終えている「言いさし」文は望ましいコミュニケーションの形であると述べているが，言うべき後ろの部分を言わずに途中で終わっている文を「言い残し」として区別している。非母語話者Dは「言い残し」が多く，聞き手に多くの推測を要求し，負担をかける話し方と言える。非母語話者とあまり接したことのない母語話者ならば，疲れてしまうだろう。

　一方で，日本語の会話には文の途中までを聞いて話し手の意図を了解し，未完成の話し手の文を聞き手が引き取って完成させる特徴があることが知られている。水谷信子(1993)で「共話」と名付けられたものである。非母語話者Dはコミュニケーションでの有効な「共話」のストラテジーを用いて，長い文を構成できない能力を補い，聞き手にターンを渡す技術を発達させることで，(22)，(23)のように会話を成立させていると考えられる。同時に，このようなストラテジーを用いることで聞き手に頼り過ぎ，自立できずに中級に停滞してしまっている可能性が高い。

　この5.では，「繰り返し」と「言い残し」の２つを指摘した。「繰り返し」の質的変化は，「聞きやすくなった，印象がよくなった」と感じる要因を探るため個人内の発達比較を行った結果，その要因の一つとし

て示されたものである。また「言い残し」については，他の非母語話者と比較して日本語能力の発達が停滞している非母語話者の変化を分析した結果，明らかになったことである。このように発達の変化を比較することにより，非母語話者の発達と停滞の両側面を発見することがある。

　この論文ではOPIのインタビューデータの比較を行っているが，実際のコミュニケーションにおける非母語話者の発達過程を扱った研究はまだほとんどない。非母語話者の発話の変化を追うこと，それも実際のコミュニケーション場面となると，たいへん難しいであろう。しかし，そのような発達過程の研究の充実は，コミュニケーション上での非母語話者の発達過程や問題点などを明らかにすることも多く，今後大いに必要になってくると言える。

6．「その場にふさわしくない言語形式」による問題点

　就職の面接の場面で，最近気になるニュースや，最近読んだ本について聞かれることは多い。その場合に以下のような答え方をしたら，面接官はどのような印象を受けるだろうか。

　　　(24)　最近っていうと，何があったっけ，えー，あんま，ニュース見ないんで，どうだろう，普天間基地の問題かな，

　　　　　　　　　　　（韓国語母語話者，2年半後，上級－中，B）

自然に話せてはいるのだが，面接の場での話し方としてはふさわしくないとされるであろう。(24)はインタビューデータからの発話であるが，さらにフォーマル度が高まった場合の話し方としてはくだけ過ぎている感じを受ける。言うまでもないが，話し方はその「場」や人間関係，状況に応じて変えるべきものだからである。面接の場では，「あんま」や「やっぱ」などは論外であるが，「何があったっけ」「どうだろう」「何だろう」というような自分への問いかけ部分も含め「何がありましたっけ」「どうでしょう」「何でしょう」などの丁寧なスタイルに変えた方が印象はよいだろう。

　「何があったっけ」のように自分へ問いかけるような「独話的機能」を持つ表現は，来日時はほとんど見られないが，来日1年半後からはど

の非母語話者にも出現するようになる。4.で示したように，日本に来て間もないころは，次の言葉が出てこないときや判断に悩んだときは，繰り返しやフィラーを多用したり，しばらく沈黙したりしていた。しかし，自分への問いかけといった独話的機能を持つ表現を使用するようになってからは，それによって思考過程にあることを相手に示しながら，うまく会話を続けていけるようになってくるのである。このような表現は，自然に談話をつないでいくために必要な機能を果たすものであるが，彼らが受けた日本語教育の場で教えられたものではない。

入学当初「日本人の友だちがいない」と嘆いていた彼らは，周りの日本人学生の話し方を一生懸命まねするようにしたという。その結果，話の進め方に変化が見られるようになり，若者らしい表現も使いながら，まとまった長さで自然に談話をつないで話せるようになったようである。このように非母語話者は，日本社会でコミュニケーションをとって，人間関係などをうまくやっていくために，その人らしい話し方を獲得していこうとする。彼らは確かに入学当初の目標であった，母語話者の大学生のように話せるようにはなったと言えよう。しかし，3年生となり就職活動を控えた時点での悩みは「このような話し方しかできない」ことへと変化している。

内海美也子(2006)は，非母語話者が日本語の面で無用な不利益や失敗をこうむることを回避するためには，まず母語話者が状況に応じてどのような話し方をしているかに気づき，非母語話者自らが状況を判断し表現を選択できるようにならなくてはならないと述べている。

では，実際の社会，ビジネスの場での例を見ていこう。

(25) ［投資家を集めたプレゼンテーションの場で］
海外では景気回復が始まったのに，日本はまだまだです
(英語話者，中級)

文体はフォーマル，文型の使い方も意味は正しい。これが同僚との立ち話であるなら問題はないだろう。しかし，客観的に報告しなければならない場面で主観的な「のに」が入ると，ビジネスパーソンらしくない発話となり，例えば商品への信頼を下げる危険性がある。

また，(26)のように「～て，～て」でつなぐと幼稚な印象を与えてしまう。

(26) ［プレゼンテーションの場で自国の状況を説明する発話］
今は，コミュニティーセンターが<u>あって</u>，マイノリティーサポートするNPOセンターが<u>あって</u>，たとえば翻訳している団体が<u>あって</u>，ま，色々な外国のコミュニティーをサポートしている団体があります　　　　　（ドイツ語話者，上級）

ここでもせっかく学習した初級文型がビジネスパーソンには弊害になっている可能性がある。「～し，～し」や「～たり～たり」などの使用も同様である。

これまでの日本語教育では，いわゆる狭義の敬語が初級から導入されてきた。しかし，実際は接続の仕方やフィラー，独話的機能を伴う表現などもその場にふさわしいものにしなければ，非母語話者の意図に反して「幼稚な日本語」や「説得力のない日本語」になりかねない。

野田尚史(2005)は，文の述語とそれに結びつく格成分を代表的なものとして，これまでの日本語教育文法が重視してきた文法を「骨格部分の文法」と呼び，今後はコミュニケーションの相手がどんな人であるか，また自分と相手がどのような情報を持っているかによって変わる「伝達部分の文法」を重視する必要性を指摘している。そのためにも，日本語非母語話者がどのような「伝達部分の文法」を用いてコミュニケーションを行っているのか，その発達過程はどうなっているのかという実態を知るための研究を積み重ねる必要がある。これからは，多様化する非母語話者の属性やキャラクターなどを考慮し，非母語話者自身が「その人らしい」日本語をカスタマイズできるような教育方法を確立する必要があろう。

7．「言語行動様式の無知」による問題点

コミュニケーション上，知っていれば何でもないことや，無用な摩擦を起こさずにすむことも多い。家へ招待された後，招待してくれた人に会ったらお礼を述べる，電話をかけた際に「今お電話よろしいです

か？」などと相手の状況を確認することは日本語母語話者の常識となっている。

　しかし，非母語話者はこのような日本語母語話者の言語行動様式を知らないために思いがけず不愉快な思いを相手にさせたり，「常識がない」などと思われることがある。これは「書く」状況でも同様である。(27)は丁寧な文体で，文法的な誤りもないメールではあるが，これを受け取った教師はたいへん困惑していた。

　　(27)　［初回1回のみ来て履修登録した学生が学期の後半に出したメール］
　　　　件名：単位取得について
　　　　　お久しぶりです。○○学部，○年のX(名前)です。
　　　　　先生の講義は初回しか出席しませんでしたが，それには訳があります。少し説明させていただいてもよろしいでしょうか。　［省略］
　　　　先生の講義にはまた出たいし，単位も取得したいです。
　　　　平等性をキープするために，欠席した分は何かの形でペナルティを受けさせていただきます。
　　　　　いかがでしょうか。ぜひ，よろしくお願いします。
　　　　　　　　　　　　　　　　　　　　　　(中国語話者，上級)

　省略の部分には，この学生の個人的な事情が書かれている。家族の事情など同情すべき内容ではあったが，学生は，単位取得を前提としているかのように評価の仕方にまで言及し，「いかがでしょうか。」と提案している。教師が「単位はとてもあげられない」と思うのも無理はない。おそらく学生は，「ただで単位をくれとは言わない」ということを示し，自分のやる気を示そうとしたのだと思われるが，言語行動様式を誤ってしまったと言えよう。書き方を誤らなければ，教師は単位をなんとか取らせてあげたいと思い，判断結果も変わったかもしれない。

　また，母語話者の言語行動様式を知らないため，母語話者が言っていることが「聞けない」「理解できない」ということもしばしば生じる。日本では，商品を買った際に「贈り物ですか」「ご自宅用ですか」「おり

ボンどういたしましょうか」「のしはいかがいたしましょうか」などと尋ねられることがある。これは贈答用の包装をするかどうかを聞いているのであるが，このような包装文化がない非母語話者にとっては，たとえ上級であっても何を聞かれているのか，なぜそのようなことを聞かれるのかまったくわからないということが起きる。逆に，ゼロ初級で来日した非母語話者であっても，「日本のコンビニでは，レジ袋が要るか要らないかと聞かれる」という言語行動様式を知っていれば，「袋どうされますか」「袋お入り用ですか」「テープでよろしいですか」などと聞かれた場合に「ふくろ」や「テープ」という単語さえ認識できれば，質問意図が理解でき，店員とのやりとりを無事に終えることができる。

このように，非母語話者は「言語行動様式の無知」により，コミュニケーションで支障をきたす恐れがある。しかし，慣習化された母語話者の言語行動様式を知っていれば，避けられることも多い。これまで，日本語教育で取り上げられてきた母語話者の言語行動様式は，きちんとしたリサーチがなされないまま提示されることも多かった。また誤ったステレオタイプを植えつける恐れがあるとして，あえて取り上げることを避けてきたという傾向もある。

これからは，母語話者と非母語話者両者のコミュニケーション場面の実態から，言語行動様式を知らないことで起きている問題点，知っていることで解決，理解できることなどを抽出するような研究が必要ではないだろうか。そして，主なコミュニケーション場面での「知っておくべき母語話者の言語行動様式リスト」が作成されると，「言語行動様式の無知」によるコミュニケーションでの問題点が回避されることも多いのではないかと思う。

8. まとめ

以上，この論文では非母語話者のコミュニケーションの問題点を，具体例を提示しながら挙げた。そして，非母語話者の言語使用の実態研究の必要性を述べた。まとめると，次のようになる。

　　(28)「先生，私のパーティーに来たいですか。」のように，非母語

話者が主に初級文法を駆使してコミュニケーションを行った結果，文法的には間違いではなくとも，問題となる場合がある。非母語話者がある機能を果たす際にどのような表現形式を用いようとするのか，その要因には何が関与しているのかという実態研究が必要である。

(29) 談話の中で用いる「確認要求表現」や「情報提示表現」には失礼な人だ，不愉快な人だと誤解されてしまう危険性がある。このような上級になって増える表現の使用実態や，その要因を分析する必要がある。要因を知る方法として非母語話者の内省にも着目すべきである。

(30) 聞き手を疲れさせる要因として「自分のための繰り返し」や「言い残し」がある。日本語の習得が進むにつれて，聞き手に配慮した繰り返しを行うようになる場合もあれば，「共話」ストラテジーを発達させることによって日本語能力が停滞してしまうこともある。コミュニケーションでの非母語話者の変化を追い，発達過程や問題点などを知ることが重要である。

(31) 非母語話者は「その場にふさわしくない言語形式」を知らずに用いている場合がある。「その人らしい」日本語を選択できるような教育方法を確立する必要があると言える。その「場」やその「人となり」に応じた「伝達部分の文法」の使用実態や発達過程を記述する基礎的研究の充実が必要である。

(32) 母語話者の「言語行動様式の無知」による問題点は，知っていれば回避できたり，理解できることも多い。コミュニケーション場面における母語話者と非母語話者両者の言語行動様式を知るための実態研究が必要である。

以上，本論文では，非母語話者のありのままの言葉を観察し，それがなぜ「問題点」となるのか，どの発達過程で生じるのか，なぜ生じるのかを知る実態研究の必要性について論じた。非母語話者の言葉から学ぶ

ことは多い。

調査資料

『みんなの日本語 初級Ⅱ 本冊』，スリーエーネットワーク(編)，スリーエーネットワーク，1998.

引用文献

内海美也子(2006)「ビジネス場面に対応する敬語表現——習得を促すアプローチの方法——」，蒲谷宏・川口義一・坂本惠・清ルミ・内海美也子『敬語表現教育の方法』pp. 78-107, 大修館書店.

奥野由紀子・金庭久美子・山森理恵(2010)「日韓共同理工系学部留学生の縦断的な発話分析——繰り返し・言い換えに着目して——」『日本OPI研究会20周年記念論集』pp. 148-159, 日本OPI研究会.

白川博之(2009)『言いさし文の研究』くろしお出版.

野田春美(2002)「説明のモダリティ」，宮崎和人(他)『モダリティ』(新日本語文法選書4), pp. 230-260, くろしお出版.

野田尚史(2005)「コミュニケーションのための日本語教育文法の設計図」，野田尚史(編)『コミュニケーションのための日本語教育文法』pp. 1-20, くろしお出版.

水谷信子(1993)「「共話」から「対話」へ」『日本語学』12-4, pp. 4-10, 明治書院.

メイナード, 泉子・K(2005)『日本語教育の現場で使える談話表現ハンドブック』くろしお出版.

山内博之(2004)「語彙習得研究の方法——茶筌とＮグラム統計——」『第二言語としての日本語の習得研究』7, pp. 141-161, 凡人社.

非母語話者の
日本語コミュニケーションの工夫

迫田久美子

1. この論文の主張

「びっくり話す，ください」「いちよる，ぜんぜん，寝てるじゃない」は，対話に現れた日本語非母語話者の発話で，「ゆっくり話してください」「一晩，ぜんぜん寝られなかった」の意味である。非母語話者は限られた知識資源を使って，どのようにコミュニケーションを行っているのだろうか。日本語の知識は豊富なのにコミュニケーションが下手な人がいたり，日本語の知識はあまりないのにコミュニケーションが上手にできる人がいたりするのはなぜなのだろう。この論文では，具体的な例やデータを示しながら，日本語のコミュニケーションにおける非母語話者の工夫を検討する。

この論文は，次の(1)のようなことを主張する。

(1) 非母語話者はさまざまな方法を用いてコミュニケーションを行っており，誤用と言われる非母語話者特有の表現は，彼らの工夫の産物である。そのため，コミュニケーション教育のためには，非母語話者のデータから彼らの工夫や日本語運用の実態を明らかにする研究が重要である。

次に，この論文の構成を述べる。

2.では，非母語話者のさまざまな日本語運用の実態を観察し，(2)について述べる。

(2) 非母語話者には，母語や学習環境が異なっても共通の言語体

系が存在する。知識として頭で理解できても，それを実際に運用するのは容易ではないため，かれら独自の工夫による言語体系が生成される。

3.から6.では，非母語話者が誤用を産出する背景には，どんな工夫が見られるのか，具体的な例を取りあげて（3）から（6）について述べる。

（3） 非母語話者は，複数の選択肢があるルールや類似の語彙から，その中の1つを固定し，常に適用するという単純化を行う。

（4） 非母語話者は，彼らの特有の固まり表現であるユニットを形成する。

（5） 非母語話者は，複雑な活用や表現が使えない場合，その代用として便利なマーカーを使う。

（6） 非母語話者は，さまざまな場面において母語や既習言語を利用する。

7.では，日本在住で教室指導を受けている非母語話者の動詞「思う」の使用の変化を分析し，（7）について述べる。

（7） 教室指導を受けている非母語話者の動詞「思う」は，初期では丁寧形が多く使われ，上達していくとともに語形が徐々に長くなる。

8.では，日本在住で教室指導を受けない非母語話者の動詞「思う」の使用の変化を分析し，（8）について述べる。

（8） 教室指導を受けていない非母語話者の動詞「思う」は，その初出が遅く，教室指導を受けている非母語話者の使用とは異なった発達傾向を示す。

2. 非母語話者の日本語運用

非母語話者の日本語には，極めてユニークなものがある。大学や日本語学校で学んでいても，教師に教えられた通りの表現が産出されるとは限らない。また，母語が違っても同じような誤用が観察される。（9）は台湾の大学，（10）はインドネシアの大学で日本語を外国語として勉強している学生の「〜て」の誤用である。

誤用の部分には下線を引き，わかりにくい例には(→　)で正用を示している。
> （9）　ですから私は長い休暇があって(→たら)，漫画を見たいです。
> 　　　（中国語話者：吉田妙子(1994：p. 97)，下線と正用の表示は迫田による）
> （10）　日本では電気がいつもありますから，電車はあもり止まりません。もし，インドネシアで東京のような電車があって(→たら)，楽しむです。（インドネシア語話者，初級中期：田中真理(2005：p. 78)，下線と正用の表示は迫田による）

また，環境が違っても同じような誤用が観察される。(11)は韓国在住の大学生，(12)は日本在住で教室指導を受けている中国語話者，(13)は教室指導を受けていないマレー語話者の「の」の過剰使用の例である。
> （11）　鶏の料理ですが，これで，ご飯を―，まぜて―，あ，辛いの料理　　　　　　　　　　　　　　　　　　　　　　（韓国語話者）
> （12）　小さいの子供，しゃ，しゃべってるの日本語，面白いよ
> 　　　　　　　　　　　　　　　　　　　　　　　　　　　　（中国語話者）
> （13）　Ａさん，Ｂさん，新しいの友達，全部あんまり元気じゃない
> 　　　　　　　　　　　　　　　　　　　　　　　　　　　（マレー語話者）

以前は，誤用の多くは母語の干渉が原因だと考えられていたが，(9)から(13)の例でもわかるように，母語が異なる非母語話者にも，学習環境が異なる非母語話者にも同様の誤用が観察されることがわかってきた。その結果，第二言語を学ぶ非母語話者には母語とも目標言語とも異なる共通の言語体系が存在すると考えられた。

学習者の言語は習得が進むにつれてその体系を変えていくという特徴を持つ。言い換えれば，初級レベルから中級レベル，さらに上級レベルに進むにつれて目標言語に近い言語体系となっていく。しかし，教室で日本語を学んで知識は増えていくのに，コミュニケーションの下手な人がいるのは，なぜなのだろうか。頭では「わかっている」けれども，実際にそれを「話す」場面で運用することができないのは，なぜだろうか。その理由としては，会話場面におけるコミュニケーションでは，多くの

場合，じっくり考える余裕がなく，すぐに言語を産出しなければならないという時間的な制約があることが挙げられる。

同一の非母語話者が，(14)は文法の穴埋めテストで書いた解答であり，(15)は教師と1対1で録音されたオーラルテスト(部屋の絵を見て説明する)で産出された文である。

(14) 問題　お金が(おちています)
テレビが(ついています)

(15) 机の下にお金です。窓が開いてです。ドアが閉めてです。
テレビがついてです。
(ポルトガル語話者，初級；小林典子(2001：p. 64)，下線は迫田による)

言語を理解したり，産出したりする言語の処理には，考えながら時間をかけて行う処理と時間をかけずにすぐ反応する処理の2つがある。前者の場合は，筆記テストや課題作文など，時間をかけて既習知識をモニターすれば内容や形式を推敲することができる。しかし，会話など後者の場合は，落ち着いて考えれば話せることでも，すぐに処理できなければ，実際の発話には反映されない。「話す」活動においてコミュニケーションが上手になるためには，時間をかけて行う処理からすぐ反応する処理，つまり自動化の処理が求められる。非母語話者の運用能力の発達過程では，正用と誤用が同時に出現したり，(16)のように誤用の自己修正を行ったりする様子が観察される。

(16) ［日本に留学した理由は，韓国にいると］友達が，多い，おお，多くて，ぺんきょがー，よくし，んー，勉強するのがよくできま，ませんです，できません(→友達が多いので，なかなか勉強できません)

(韓国語話者，［　］内は補足情報を表す)

3. 非母語話者のルール単純化の工夫

2.ではさまざまな環境の非母語話者の誤用例を見てきたが，3.から6.までは，コミュニケーションにおける非母語話者の具体的な工夫を観

察し，足りない知識をどのように補っているのか，運用にどうやって結びつけているのかを理解し，これからの日本語教育に必要な研究について考える。

まず，目標言語のルールを単純化することについて述べる。単純化は，過剰一般化とも言い，複数の規則や表現を１つに集約して，適用できない範囲にまで広く使ってしまう(17)のようなケースである。

(17) ［昼食の寿司は］少し高いだった。しかし，とても楽しいだった。（スペイン語話者，初級；迫田久美子(2002：p.30)）

この例は，「高かった」「楽しかった」とすべきところを「休みだった」「元気だった」などから類推し，どの品詞に対しても過去形には「だった」が使用可能だろうと考え，「高い＋だった」「たのしい＋だった」としている可能性が高い。

活用のルールだけでなく，条件表現や接続表現の複数の形式においても，習得のある段階では１つの形式を多用する傾向がある。田中真理(2005)は，条件表現「と」「ば」「たら」「なら」の４形式が教えられていても，「たら」が多用される傾向があると述べている。(18)から(21)は，日本語学習者の誤用例であるが，「たら」が多用される様子がわかる。（　）内の「タイ」「中国」などは非母語話者の国籍を示す。

(18) 北海道に行ったら(→行くなら)，いっしょに行きましょう。
（タイ；市川保子(2010：p.360)）

(19) テレビのニュースを聞いたら(→聞いて)，びっくりしました。
（中国；市川保子(2010：p.361)）

(20) 雨が降ったら(→降ったから)行きませんでした。
（フィリピン；市川保子(2010：p.361)）

(21) ドイツでは，外でも家の中でも一日中靴を履いていたら(→いても)問題がありません。（ドイツ；市川保子(2010：p.361)

また，山内博之(2005)は，非母語話者の発話コーパスを分析し，それまでに学んだ日本語の接続表現15種が使われているかどうかを調べている。その結果として，中級レベルで安定して使用されている接続助詞は15種類中，６種であること，中でも，「～て」の多用が目立ち，誤用に

なりやすいことを述べている。「〜て」の誤用には，(22)や(23)がある。誤用の原因には，「〜て」が他の接続表現と比較して簡便であり，原因や理由など，多くの機能を持っていることが考えられる。

(22)　さむくて(→寒いから／ので)，ヒーターをつけよう。
                                （タイ；市川保子(1997：p. 338)）
(23)　頭が痛くて(→痛いので／から)病院へ行きたいです。
                        （インドネシア；市川保子(1997：p. 338)）

　条件表現や接続表現など，同じ機能を持つ複数の言語形式を使いわけることは容易ではない。人間の記憶容量の限界を考えると，複数の形式から1つの特定の形式(たとえば，「〜て」)だけを多用するのは，必然的な結果であろう。「らしい」「ようだ」「そうだ」「だろう」「かもしれない」などの推量を表す形式は，教室指導においては同時期に教える場合があるが，非母語話者の立場に立てば，彼らの実際の使用実態を観察し，非母語話者はどの表現を多用し，あまり使わないのはどの表現か，それはなぜなのかということを明らかにする研究が必要であろう。

4.　非母語話者の固まり形成の工夫

　2番目の工夫として，「固まり」の活用をあげる。(24)から(27)は，KYコーパスの中級レベル学習者の誤用例である。

(24)　［魚を食べるときは］火の上に　焼きます
                        （KYコーパス：英語話者，中級－下，EIL02）
(25)　スーパーの中に人形つり，あれ一番好きです
                        （KYコーパス：中国語話者，中級－下，CIL02）
(26)　勉強の中に，んー，あーパットゥ(パート)は，分かりました
                        （KYコーパス：韓国語話者，中級－下，KIL01）
(27)　映画館の前に，あいましょうか
                        （KYコーパス：英語話者，中級－中，CIM07）

　これらの例では，「中」や「上」や「前」のような位置を示す名詞に「に」が用いられている。そこから，非母語話者は「中に」「上に」「前に」のような組み合わせの固まりを形成していることが推測された。そ

こで，迫田久美子(2001)は先行文献と自身のデータから誤用例を収集し，接続している名詞を分類した。その結果が表1である。先行文献は，「寺」は寺村秀夫(1990)，「福」は福間康子(1997)，「市」は市川保子(1997)，「迫」は迫田久美子(1998)を指し，それぞれ誤用と正用の有無を探った。●は誤用の出現，○は正用の出現を表す。なお，迫田以外の文献は正用例の掲載はないため，表には誤用例のみ記載した。

表1 「に」と「で」の誤用と正用の出現

文献	「に」の誤用例				文献	「で」の誤用例			
	寺	福	市	迫		寺	福	市	迫
中に	●	●	●	●○	中で	●			○
後に			●	○	後で				
前に	●				前で				
(地名)に	●		●	○	(地名)で	●	●	●	●
田舎に					田舎で			●	●
食堂に					食堂で			●	○

表1の結果から，表の上半分にある，位置を示す「中」や「前」などの名詞には，「に」が選ばれやすく，下半分にある，地名や場所を示す「田舎」や「食堂」などの名詞には，「で」が選ばれやすい傾向が見られる。このことから，「に」は「中」「前」などの位置を表す名詞に使用されやすく，「で」は地名や「田舎」や「食堂」などの場所の名詞に使用されやすいという仮説が導かれる。そこで，迫田久美子(2001)は，実験調査によってその検証を行った。調査の結果，仮説は支持され，(28)の発話例が示すように，非母語話者は「中に」「食堂で」のような固まりを形成している可能性が示された。

(28) あ，学校にー，学校の中は，安いから，学校の中によく食べ

ますが，味が，あ，べつにー，ですから，たまたま，学校の近くのー食堂でー食べます　　　　　　　　（韓国語話者）

また，「この本がいいだと思う」の「だと思う」や「熱は38度がある」の「がある」など，非母語話者にはさまざまな固まり表現が観察される。

助詞は誤用の頻度が高いことからこれまでも多く研究が行われているが，誤用数を数えたり，用法別の穴埋めテストを行ったりするような研究では，誤用の原因はわからない。指導に活かすためには，非母語話者の実際の運用データを分析し，彼らがどんな場面で，どのように使っているのか，固まりを作っている場合は，どんな固まりが形成されやすいのか，固まりに規則性があるか，などの研究が求められる。

5. 非母語話者のマーカー活用の工夫

非母語話者は初級や中級レベルでは，複雑な活用や表現が使えないので，その代用としてどの語にも使える万能のことばをマーカーとして活用する。たとえば，「肉は食べられない」と言いたい場合に，「できない」を否定のマーカーとして使って「肉，食べる，できない」，というように表現する。(29)は教室指導を受けていない非母語話者，(30)は教室指導を受けた非母語話者の例である。

(29)　きのうの午後，娘，ぜんぜん，寝てる，できない(→寝られなかった)　　　　　　　　　　　　　　（マレー語話者）

(30)　先生がもう，学校の外で，先生は学生は教えるは，できない(→教えられない)です　　　　　　　　　　　　（韓国語話者）

また，「ください」も依頼のマーカーとして「書く，ください」や「ゆっくり話す，ください」のように使う場合がある。さらに，(31)のように，「じゃない」を否定のマーカーとして使っている例もある。

(31)　[そのベトナム料理は]甘いじゃない(→甘くない)（ベトナム語話者，中級；家村伸子・迫田久美子(2001：p.44)）

(32)は，願望の「たい」形の代わりに「ほしい」をマーカーとして使用している例である。

(32)　[将来は]貿易，ぼうえきがいしゃ，うー，た，た，建て，

　　　　ほしいです［建てたい］　　　　　　　　　（中国語話者）

　マーカーの活用は，「じゃない」や「ほしい」ばかりではない。過去形が上手に使えない段階では，非母語話者は(33)や(34)のように時間を表す副詞(点線の下線で示す)を使って，過去の意味を表す。いずれも教室指導を受けていないマレー語話者の発話例である。

　(33)　昨日の夜，トトロ，にーかい，2回，ビデオテープ，2回，
　　　　1時ぐらいまで，トトロ，見ます(→見ました)
　(34)　［仕事は］行きません，昨日，行きません(→行きませんでした)

　また，話の中で会話の引用をする場合，まだ「～と聞く」「～と答える」などの表現が上手に使えない場合，(35)のように，聞き手と話し手の会話を再現するように，並べて表現する。

　(35)　［電話での会話で保証人さんが］なになに，日本語もっと上
　　　　手になった？［と聞くので］まだです，［と私が答えると］そ
　　　　うですか［と言われる］　中略　［保証人さんが］アルバイト
　　　　つらいかなぁ［と聞くので］だいじょうぶですよ，元気です
　　　　から［と私は答える］　　　　　　　　　（中国語話者）

　日本在住の非母語話者の日本語が「上手だな」と感じる要因として，「そうそう」「そうですね」などの「あいづち」や，「なんか」「というか」「何というか」などのフィラー，および「ね」「よ」「よね」などの終助詞の使用が挙げられる。

　(36)は，来日1ヶ月後の非母語話者の発話であるが，フィラーは「あのー」のみで終助詞は見られない。

　(36)　日本語母語話者：［日本とアメリカでは］あ，違うんですか，
　　　　　　　　　　　　たとえばどんなものが違う？
　　　　英語母語話者　：あのー，お茶，あのー，アメリカではとっ
　　　　　　　　　　　　ても弱いです。でもー
　　　　日本語母語話者：弱いというのは？
　　　　英語母語話者　：よわ，あのー，weak tea，あのー，でも，
　　　　　　　　　　　　日本ではとってもおいしい

(37)は(36)と同一の非母語話者の半年後の発話である。「とか」「なんか」「何でしょうか」「ま」「ね」などのフィラーや終助詞が使われており，自然なコミュニケーションの印象を与える。

(37) 日本語母語話者：[日本とアメリカは]どんなところが違いますか？
英語母語話者　：あー，あー，難しいです，あのー，男の人女の人の関係<u>とか</u>，<u>なんか</u>，あのー，<u>何でしょうか</u>，手伝うときにとか，(中略)<u>ま</u>，ちょっと違います<u>ね</u>。

(迫田久美子(2002：pp. 182-183))

山内博之(2005)は，習得段階別の発話の中で(38)のような「はい」の多用が中級非母語話者の特徴であるとし，中級非母語話者のことばのやりとりのスムーズさは，主に「はい」を多用することで生まれている可能性があると指摘している。＜　＞は対話相手のあいづちを示す。

(38)　んー日曜日はー，んー，いえでー，＜うん＞いーやすんです｛笑い｝<u>はい</u>，＜あー，そうです＞やすみです<u>はい</u>
（KYコーパス：中国語話者，中級-下，CIL01；山内博之(2005：p. 152)，下線は迫田による）

しかし，このフィラーや終助詞などは，使い方に注意を要する。なぜなら，使い方を誤ると対人感情にかかわるコミュニケーション上の問題を引き起こす可能性が高いからである。(39)は，KYコーパスの発話の一部であるが，初対面の相手に対して「よ」を使っていて，ぞんざいな印象を与える。

(39)　日本語母語話者：[朝]起きてからどうしますか
中国語母語話者：ご飯を食べる＜ん＞，顔をあらいて＜ん＞，ご飯，少し，ご飯を食べて＜ん＞，んー，これだけ<u>よ</u>
（KYコーパス：中国語話者，中級-下，CIL03）

これまで見てきたように，非母語話者は不十分な知識を補うために，

いろいろなマーカーを活用したり，発話の場面を再現したり，終助詞やフィラーを駆使したりなど，さまざまな工夫を展開させている。日本語のコミュニケーション教育を考えると，このような非母語話者の工夫を研究することは，彼らの真のニーズと彼らの実現可能な言語行動を考える上で極めて重要な意味を持っている。

6. 非母語話者の母語・既習言語の活用の工夫

　母語や既習言語が目標言語の習得に影響を与える現象は，言語転移と呼ばれ，プラスの影響を与える場合は正の転移，マイナスの影響を与える場合は負の転移と呼ばれている。この論文では，非母語話者の工夫という観点から正と負の転移を母語や既習言語の活用と捉える。

　正の転移としては，漢字系の非母語話者の例や語順が同じ母語を持つケースが挙げられる。日本語の習得において，母語が漢字系の非母語話者とそうでない非母語話者では，書いたり読んだりする場合は，前者のほうが後者より習得が早い。また，語順が日本語と同じ言語を母語とする非母語話者のほうがそうでない母語の非母語話者よりも日本語の習得が早い場合が多い。それは，母語と日本語の類似点が習得過程においてプラスの影響を与えるからである。

　負の転移の場合には，(40)から(42)に示すように誤用となる。
　　(40)　姉は2こ(→二人の子)がいます　　　　　　　(英語話者)
　　(41)　新しい生活は平安なりました(→慣れて落ち着きました)
　　　　　　　　　　　　　　　　　　　　　　　　　(中国語話者)
　　(42)　来週，私の両親が日本に来ます。いいですね。　(英語話者)

　(40)は，聞き手は「姉が2個居る」と勘違いして「お姉さんは2人ですか」と問い返したが，返事は「1人」だった。結局，「2こ」は two children を意味する「2子」であることがわかった。

　(41)は，中国語話者の作文例である。漢字系の非母語話者の場合は，母語の漢語に「する」「なる」をつけて使用する場合が多い。意味はわかるが実際には日本語にない表現のため，誤用になってしまう。

　(42)は，日記に見られた例である。「いいですね」は，"Isn't it nice?!"

という意味で書いたことがわかった。日記や作文などは，母語や既習言語で考えてから目標言語に翻訳することも多く，結果的に誤用になる場合がある。

音声や直訳の表現は，母語や既習言語の影響だと判断がつきやすいが，文法の誤用はその原因を母語や既習言語の影響であると判定することは容易ではない。

初級・中級レベルの非母語話者と上級のレベル非母語話者では，母語や既習言語の活用の内容や頻度は，当然異なっていることが想定される。初級・中級レベルの場合は，目標言語の知識が足りないので，必然的に母語や既習言語の活用が多いことが予測される。しかし，上級レベルでも母語の影響は現れる。それは，文法的な正しさの問題ではなく，場面に合った言い方かどうかといったコミュニケーション上の問題が多く，日本語が上手になっても，使い方に注意しなければ，聞き手とのコミュニケーションを阻害する場合も出てくる。生駒知子・志村明彦(1993)は，社会的規範の違いが日本語の習得にどう影響するかを研究し，「断り」の場面では，日本語母語話者は代案を立てて断る傾向があるのに対し，アメリカの上級レベルの非母語話者は代案を立てないで直接的な言い方で断る傾向があり，アメリカでの習慣の影響が見られると報告している。

「断り」だけでなく，日常生活の中の「依頼」や「勧誘」の言語行動を非母語話者はどのように行っているのかなどの研究も，コミュニケーション教育では重要な課題である。

7. 教室環境の非母語話者の動詞「思う」の発達プロセス

ここでは，日本に在住し，教室環境で学んでいる非母語話者の発話コーパスから，動詞「思う」を取り上げ，その発達プロセスを分析する。具体的には，初出の動詞形や動詞形の変化，誤用の変化を見る。データは，日本在住で日本語を学んでいる中国語話者3名(C1, C2, C3)，韓国語話者3名(K1, K2, K3)の3年間のデータである。調査では，日本語母語話者との約60分の対話を収集した。

調査時期は，学習開始から約4か月ごとの8期(第1期から第8期)に

分けて(第1期から第2期の間のみ8か月),各時期の動詞「思う」の新出語形の変化を調べた。図1は,各時期に中国語話者C1の発話コーパスに動詞「思う」がどのような語形で使われたかを調べ,新出語形を示したものである。形式が変化する過程で,核となる形式を太字で示し,発展した形式を→で示した。たとえば,新出語形(第5期「思ったこと」)がそれ以前に出現した語形(第3期「思った」)に,形態素(「こと」)を加えた言語形式である場合は,古い語形「思った」から長くなった新出語形「思ったこと」へ矢印「↓」を記入した。

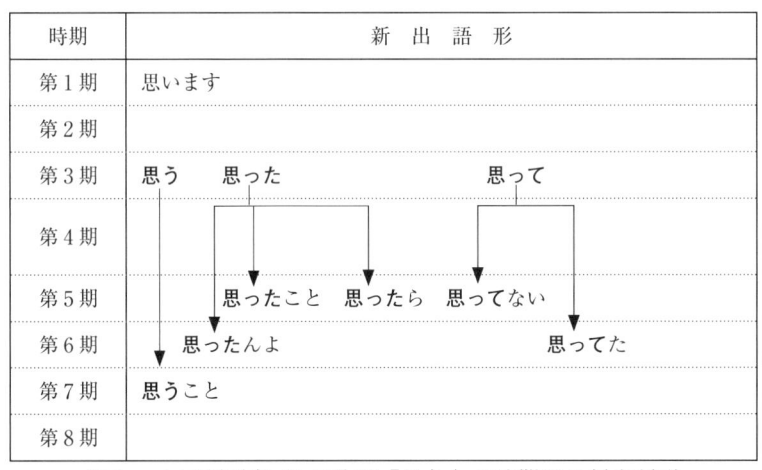

時期	新　出　語　形
第1期	思います
第2期	
第3期	思う　　思った　　　　　　　　思って
第4期	
第5期	思ったこと　思ったら　思ってない
第6期	思ったんよ　　　　　　　　　　　　　思ってた
第7期	思うこと
第8期	

図1　中国語話者C1の動詞「思う」の時期別の新出語形

C1は,第1期で丁寧体の「思います」が初出の語形で,普通体の「思う」よりも先行することがわかる。また,滞在期間が長くなると,動詞語形の種類が増え,既出形「思う」「思った」「思って」に「こと」「ない」などを加え,新たな語形「思うこと」「思ったこと」「思ってない」が産出されることもわかる。

図2は,韓国語話者K1の発話コーパスに現れた動詞「思う」の新出語形である。基幹部分の形式が同形(「思います」)で,付加される要素(「よ」「ね」)が異なる場合は,「思いますよ／ね」のように記載した。図1と同

様,古い語形に新しい形態素が付加される場合には,「↓」で示した.

　K1においても,滞在が長くなると,既出の動詞語形にさまざまな要素が付け加えられて,新出語形が形成されている.たとえば,第2期に「思います」を使い,第3期には「よ」「ね」「けど」「から」が付加されて,「思いますよ/ね」「思いますけど/から」を使用,第4期は「が」が付加され,「思いますが」というように使用が広がる.

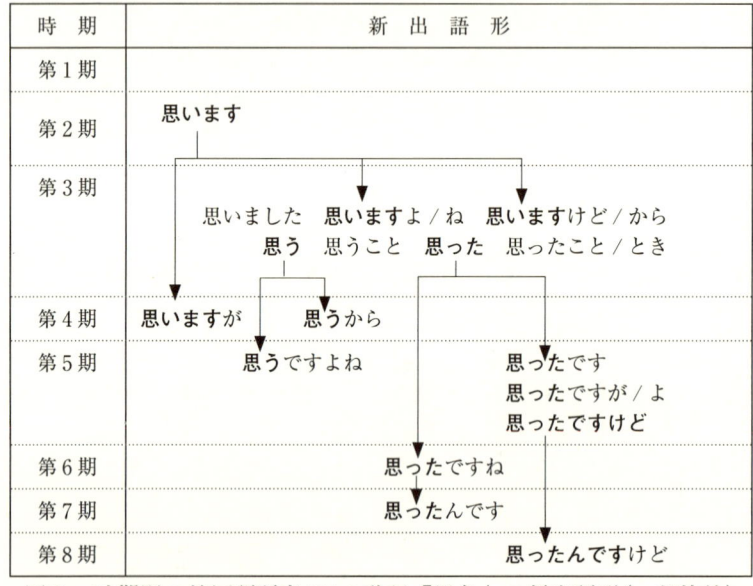

時　期	新　出　語　形
第1期	
第2期	思います
第3期	思いました　思いますよ/ね　思いますけど/から 思う　思うこと　思った　思ったこと/とき
第4期	思いますが　　思うから
第5期	思うですよね　　　　思ったです 　　　　　　　　　思ったですが/よ 　　　　　　　　　思ったですけど
第6期	思ったですね
第7期	思ったんです
第8期	思ったんですけど

図2　時期別の韓国語話者K1の動詞「思う」の新出語形(一部抜粋)

　既出の語形にさまざまな要素が付加されて新出語形が長くなる傾向は,日本人幼児の第一言語習得の研究である岩立志津夫(1981)においても観察されている.

　しかし,図2の韓国語話者K1の動詞「思う」の発達プロセスには,「思うです」や「思ったです」のような表現が存在している.第3期で「思う」「思った」という形式が出現し,第5期に「思うですよね」「思ったです」「思ったですけど」という形式を経て,第7期に「思った

んです」，第8期に「思ったんですけど」という語形が出現している。具体的な発話を，(43)(44)に示す。「思うです」や「思ったです」という形式は，「思うんです」「思ったんです」の習得に至るプロセスの1つの過渡的な現象だと推測される。

(43) 両親のお金使ったらだめだとそんな気もあるし，それでも仕事ができるかー，思ったら，できないと，<u>思うですよね</u>

(44) 日本人と，一緒に勉強することは，本当，むじゅかしいと<u>思ったですよ</u>

さらに，韓国語話者K1の初出の語形を見ると，中国語話者C1と同様，丁寧体の「思います」で，普通体の「思う」に先行している。

ほかの4名の非母語話者ではどうだろうか。日本語の学習開始約4か月の段階で調査した第1期の動詞「思う」の初出語形を表2にまとめた。ただし，K1については，第1期には動詞「思う」が使用されなかったので，第2期に初出の語形を示した。

表2を見ると，初出は，C3以外の全てに共通して学習初期の第1期か第2期の段階で「思います／ました」の語形が観察される。

表2　発話コーパスにおける動詞「思う」の初出語形

中国語話者		
C1（第1期）	C2（第1期）	C3（第1期）
思います 思って	思いました 思う，思うのは 思って，思っていました	思う，思うね，思うよ 思わなかった
韓国語話者		
K1（第2期）	K2（第1期）	K3（第1期）
思います	思います，思いました 思う，思うか，思うのは 思って，思っていました	思います 思いますけど 思いますよ 思うけど，思った

以上,日本に在住し,教室で学んでいる非母語話者の動詞「思う」のデータを見てきた。その結果,初出の動詞形に丁寧体が多いこと,滞在期間が長くなるにつれて動詞語形にさまざまな要素が付加されて新出語形が形成されていること,非母語話者の動詞の発達プロセスにおいて,「思うです」「思ったです」のような正用への過渡期の形式が存在することなどがわかった。

8. 自然環境の非母語話者の動詞「思う」の運用の工夫

ここでは,日本に在住し,教室指導を受けず,自然環境で日本語を習得している1名の非母語話者の発話コーパスを分析する。そして,動詞「思う」を取りあげ,前節の教室環境の場合と比較し,自然環境の非母語話者の日本語運用に対する工夫を検討する。

時　期	新　出　語　形
第1期 − 第3期	
第4期	思う
第5期	思うよ　　思います
第6期 − 第8期	

図3　自然環境の非母語話者M1の動詞「思う」の時期別の新出語形

図3は,工場で働くマレー語話者M1の対話データから3年間の新出語形を示したものである。教室環境の非母語話者と滞在時期を対応させるために,23本の発話データから,約4か月ごとのデータ8本を選び,初出の動詞語形を調べた。前節の教室環境の非母語話者の場合と比べると,動詞「思う」が来日1年半を過ぎるまで使用されないこと,語形は「思う」という形式が初出で,3年間で動詞「思う」の活用形式の異なりは3種であることがわかった。また,8本のデータに現れた動詞「思う」の延べ使用総数は6回しかなく,非母語話者M1は動詞「思う」をほとんど使用していないことがわかる。

M1は「思う」の機能をどのように表現していたのだろうか。発話

コーパスから,「思う」の機能を持たせていると思われる表現を調べた。M1は,英語の think,日本語の「考える」,「たぶん」を使って「思う」の意味を表す工夫をしていたことが推測された。(45)から(47)にそれぞれの発話例を示す。

(45) でもーでも, don't care, don't, あー, I think　　（第1期）
(46) 10年, あー10年で, と, 私たちの, …考える, 考えるが, 10年の時間が, テスティング, テストの時間(→私達は, 10年の期間がテスト期間だと思う)　　（第3期）
(47) あー, 今, うん, たぶん, はー, 新年のお祈り, 私達, 代わりの, 部屋, 会館, international house, そう, (後略)(→今, ［多くのマレーシアの学生が来ているが,］たぶん, 新年のお祈りは私達の家ではなくて, 代わりの部屋, 国際交流会館ですると思う)　　（第1期）

表3は,3年間に使用された形式と頻度をまとめたものである。表中の「-」は,使用がなかったことを示し,「1;01」は滞日期間が1年1か月であることを示す。

表3　M1の「思う」などの表現の時期別の使用頻度

時　期	第1期	第2期	第3期	第4期	第5期	第6期	第7期	第8期
滞日期間	0;06	0;09	1;01	1;07	2;00	2;03	2;07	3;00
思う	-	-	-	1	3	1	1	-
Think	1	-	1	1	-	-	-	-
考える	-	2	5	3	8	1	2	3
たぶん	4	19	14	31	39	47	22	47

「たぶん」は「思う」と必ず共起するとは断言できないが,「たぶん」が推量を表す副詞であり,命題が不確かであることを表すと考えれば,M1が「思う」の機能を「たぶん」に代用させている可能性が高い。つ

まり，M1は「たぶん」という「便利なマーカー」を使うことで，「思う」の不確かな推量の意図を伝えていると考えられる。

大関浩美(2008)は，非母語話者は条件表現を表す際に，(48)のように条件形式「たら」「と」「ば」「なら」を使用せずに「もしも」を用いることで，条件の意味機能を表す時期が長く見られることを指摘している。

(48) <u>もしも</u>，それはいなくなる，大変ことなる(＝大変なことになる)，ね。　（大関浩美(2008：p.127)，下線は迫田による)

また，5.で述べたように，非母語話者は「きのう，学校へ行く(→行った)」のように，時を表す副詞「きのう」などをマーカーとして使うことで「行った」を使わずに過去を表すことがある。時の副詞を使うことで意図が伝われば，動詞の活用を覚えなくても済む。これと同様に「たぶん」や「もしも」を使って意図が伝われば，「と思う」や「〜たら」の習得は必要に迫られない。非母語話者のこのような工夫は，ある面では日本語習得の停滞を招き，誤用が修正されないで長く残ってしまう化石化という現象の原因になるとも考えられる。

非母語話者の化石化はどんな項目に起きやすいのか，教師の指導や訂正は化石化を減少させる効果を持つのかなど，教育と連携した研究が重要となる。

9. まとめ

非母語話者はなぜ間違うのだろうか。この論文では，具体的な事例を示しながら，彼らの誤用が工夫の産物であり，さまざまな工夫を凝らしてコミュニケーションを行っていることを述べた。そして，コミュニケーション教育のためには，非母語話者のデータからその工夫の実態を明らかにする研究が重要であることを主張した。

非母語話者が誤用を産出する背景には，「複数のルールや類似の語彙の単純化」「固まり表現の活用」「表現の代用となるマーカーの使用」「母語や既習言語の利用」などの工夫があることを述べた。

そして，日本在住で教室指導を受けている非母語話者の動詞「思う」の発達プロセスを分析した。その結果，初出期には，丁寧形がよく使わ

れ，徐々に語形が長くなることを明らかにした。また，日本在住で教室指導を受けない非母語話者の動詞「思う」を調べ，初出が遅いこと，動詞「思う」があまり使用されていないこと，その背景には，副詞「たぶん」の多用が見られることを示した。

　これまでの日本語教育の研究では，目標言語である日本語自体を対象としたものとその研究結果に基づいた指導法についての研究が多くなされ，非母語話者を対象とした研究はあまり行われてこなかった。また，非母語話者を対象とした研究も，彼らの実際の言語使用を見ずに，日本語文法の従来のカテゴリーをそのまま適用した質問項目による調査をしたり，また1つの言語の母語話者だけを対象に母語の影響を調べたりといった問題点が見られた。そのような調査では，非母語話者の実態を探ることは難しい。なぜなら，非母語話者は，日本語文法を教科書通りに学んでいるとは限らないし，さまざまな工夫を駆使してコミュニケーションを行っているからである。

　これからの日本語のコミュニケーション教育を考える場合，より多くの非母語話者のデータを収集し，彼らがどう学んでいるかの実態を把握することが重要な課題となる。複数のルールからどれが選択されるのか，固まりの形成には規則性があるのか，代用となる便利なマーカーにはどんなものがあるのか，上級レベルになっても化石化する項目は何なのか，それはなぜなのか。日本語の習得研究の謎は尽きない。

調査資料

KYコーパス，鎌田修・山内博之，version 1.2, 2004.

引用文献

生駒知子・志村明彦(1993)「英語から日本語へのプラグマティック・トランスファー――「断り」という発話について――」『日本語教育』79, pp. 41-52, 日本語教育学会.

市川保子(1997)『日本語誤用例文小辞典』イセブ.

市川保子(編著)(2010)『日本語誤用辞典――外国人学習者の誤用から学ぶ日本語の意

味用法と指導のポイント――』スリーエーネットワーク.
岩立志津夫(1981)「一日本語児の動詞形の発達について」『研究年報』27, pp. 191-205, 学習院大学文学部.
大関浩美(2008)「学習者は形式と意味機能をいかに結びつけていくか――初級学習者の条件表現の習得プロセスに関する事例研究――」『第二言語としての日本語の習得研究』11, pp. 122-140, 第二言語習得研究会.
家村伸子・迫田久美子(2001)「学習者の誤用を産み出す言語処理のストラテジー(2)――否定形「じゃない」の場合――」『広島大学日本語教育研究』11, pp. 43-48, 広島大学大学院教育学研究科日本語教育学講座.
小林典子(2001)「第4章 誤用の隠れた原因」, 野田尚史・迫田久美子・渋谷勝己・小林典子『日本語学習者の文法習得』pp. 63-82, 大修館書店.
迫田久美子(1998)『中間言語研究――日本語学習者による指示詞コ・ソ・アの習得――』溪水社.
迫田久美子(2001)「学習者の誤用を産み出す言語処理のストラテジー(1)――場所を表す「に」と「で」の場合――」『広島大学日本語教育研究』11, pp. 17-22, 広島大学大学院教育学研究科日本語教育学講座.
迫田久美子(2002)『日本語教育に生かす第二言語習得研究』アルク.
田中真理(2005)「学習者の習得を考慮した日本語教育文法」, 野田尚史(編)『コミュニケーションのための日本語教育文法』pp. 63-82, くろしお出版.
寺村秀夫(1990)『外国人学習者の日本語誤用例集』(特別推進研究「日本語の普遍性と個別性に関する理論的及び実証的研究」分担研究「外国人学習者の日本語誤用例の収集, 整理及び分析」資料)(http://www.ninjal.ac.jp/teramuragoyoureishu/).
野田尚史・迫田久美子・渋谷勝巳・小林典子(2001)『日本語学習者の文法習得』大修館書店.
福間康子(1997)「作文から見た初級学習者の格助詞「に」の誤用」『九州大学留学生センター紀要』8, pp. 61-74, 九州大学留学生センター.
山内博之(2005)「話すための日本語教育文法」, 野田尚史(編)『コミュニケーションのための日本語教育文法』pp. 147-166, くろしお出版.
吉田妙子(1994)「台湾人非母語話者における「て」形接続の誤用例分析――「原因・理由」の用法の誤用を焦点として――」『日本語教育』84, pp. 92-103, 日本語教育学会.

非母語話者の日本語コミュニケーション能力

山内博之

1. この論文の主張

　日本語教育を前提として，コミュニケーションという視点に立った文法の研究は，すでにある程度行われている。たとえば，野田尚史(編)(2005)や山内博之(2009)などである。また，それらに対する菊地康人・増田真理子(2009)などの批判もあるし，他にも庵功雄(2009)などの論考が生まれている。しかし，コミュニケーションという視点に立った語彙に関する研究はほとんど行われていない。そこで，この論文では，語彙に焦点を当て，コミュニケーションの中での語彙の役割について考察する。

　語には「机」「見る」などの実質語と「を」「に」などの機能語があると言われているが，語彙(語の集まり)を考える際に問題になるのは実質語である。したがって，語彙を考察の対象にするということは，機能語ではなく実質語に焦点を当てるということにもなる。

　非母語話者の日本語コミュニケーション能力を考えていく際には，実質語に関する以下の研究・調査が重要になるだろうと思われる。

　（1）　実質語の分類に関する研究
　（2）　習得に影響を与える語の性質に関する研究
　（3）　身近な語に関する調査
　（4）　抽象概念を表す名詞の用法に関する研究
　（5）　話題に従属しない実質語に関する研究

（6）　実質語と機能語の融合的な研究
　上記の（1）から（6）の研究の一例を，以下，2.から7.でそれぞれ示していく。
　ただし，この論文においては，4技能の中の「話す」のみを扱うことにする。日本語コミュニケーション能力という観点から語彙について考える場合，「話す」「聞く」「書く」「読む」のどの技能を前提とするかによって，非母語話者がどのようなスタンスで語彙に接するかがまったく異なってくる可能性がある。そのため，この論文では，とりあえず「話す」という技能に絞って，語彙・実質語に関する考察を行う。

2．実質語の分類に関する研究

　2.では，実質語の分類に関する研究が必要であることを述べる。なぜなら，実質語は非常に数が多いため，教材を作成したり，教室で学習者に提示したりする際には，小分けして扱う必要があるからである。
　『日本語能力試験　出題基準〔改訂版〕』を見ると，当時の日本語能力試験の出題基準となった1・2級の機能語のリストには，約270語が収録されているのみであるが，同じく1・2級の実質語のリストには約8000語が収録されていることがわかる。しかし，その約8000語でもまだ不十分だと考えられたようで，押尾和美（他）（2008）によると，2010年の日本語能力試験の改定以後の新しい実質語のリストには，約10,000～18,000語が収録されているとのことである。
　約270語ということであれば，非母語話者が，それらすべての語の意味・用法を一つひとつ覚えて身につけていくということも，まだ可能かもしれない。しかし，1万を超える実質語を順番に一つずつ覚えていくというのは非効率的である。何らかの方法で必要な語を取り出せるようにする工夫が必要であるが，そのために欠かせないのが語の分類である。
　『分類語彙表　増補改訂版』は，そのようなニーズに応え得るものの一つである。『分類語彙表　増補改訂版』には，約80,000語が収録されており，それらが意味別に分類されている。たとえば，「1.2410　専門

的・技術的職業」の項には「エンジニア」「教師」「会計士」「医者」など，「専門的・技術的職業」という意味を持つ語が約500語収録されている。これらの中から適当な語を取り出して「父は（　　）です」や「私は，将来（　　）になりたいです」などの（　　）に入れて発話すれば，父の職業や自分が将来就きたい職業などを紹介することができる。実際の教育現場のことを考えても，教師がそのようなリストを持っていれば，ドリルのキューを作る時にも役立つし，職業を表す様々な言葉を，それとなく授業で出して定着させていくこともできるだろう。

　また，橋本直幸(2008)による実質語の話題分類も，大いに役立つものであると思われる。橋本直幸(2008)では，『日本語能力試験　出題基準〔改訂版〕』の1・2級語彙表に収録されている約8000の実質語を「食」「ファッション」「旅行」「スポーツ」「町」「交通」「政治」「気象」などといった100種類の話題に分類することを試みている。たとえば，「政治」という話題には「政府」「内閣」「議会」「政権」「改革」などの語が150語あまり収録されている。非母語話者が「政治」という話題で話がしたいと思った時には，このリストを利用して語を覚えておけばいいわけである。もちろん，教師がこのリストを利用して，政治という話題に関する授業の組み立てを考えることも可能だろう。

　『分類語彙表　増補改訂版』の意味分類や，橋本直幸(2008)の話題による分類は，非母語話者の「必要な語から覚えたい」というニーズに応え得るものであるが，非母語話者には「簡単な語から覚えたい」というニーズもある。また，非母語話者の日本語コミュニケーション能力に関する研究を行う場合には，どの語が簡単でどの語が難しいのかということは研究上の重要なトピックになるだろう。そこで，意味や話題ではなく，初級・中級・上級というようなレベル別の分類を試みたいと思う。

　分類には，タグ付きKYコーパスを使用した。非母語話者の口頭能力を測定するOPI(Oral Proficiency Interview)というテストがあるのだが，KYコーパスとは，その90人分のインタビュー内容を文字化した資料である。90人の内訳は，初級話者15人，中級話者30人，上級話者30人，

超級話者15人である。タグ付きKYコーパスとは，KYコーパスに形態素解析を施し，品詞情報などのタグをつけたものである。

タグ付きKYコーパスに出現するすべての語の中で「名詞・一般」というタグのついた語の異なり数は2306であった。橋本直幸(2008)の話題分類を利用し，この2306語に100種類の話題タグを振った。100種類の話題の中で，その話題に属する語が，初級・中級・上級・超級のいずれのレベルでも比較的安定して表れていたのが「町」という話題であり，そこに含まれる語は99語であった。その99語を表にまとめたのが，次の表1である。

表1 「町」に関する初出語の分類(99語)

	具体物(60語)	抽象概念(39語)
初級	アパート，家，駅，会館，会社，学校，角，公園，スーパー，スーパーマーケット，食堂，センター，大学，寺，図書館，美術館，病院，店，道，旅館，レストラン(21語)	北，国，隣，東，町，南(6語)
中級	映画館，喫茶店，銀行，空港，高校，交差点，工場，施設，住宅，小学校，商店，信号，神社，大使館，タワー，短大，団地，中学校，デパート，通り，道路，橋，プール，ホテル，幼稚園(25語)	田舎，上，県，市，下，州，地方，都市，左，街，右，横(12語)
上級	遺跡，オフィス，基地，教会，事務所，商社，停留所，博物館，文化財，港，役所(11語)	活気，区，郊外，公衆，高層，市街，首都，都(と)，都会，西，人情，農村，都(みやこ)，村，名所(15語)
超級	支店，税務署，歩道(3語)	東西，南北，幅，方角，街角，道端(6語)

表1では，「町」に含まれる99語を具体物と抽象概念に分け，それぞれ表の左側と右側に置いた。具体物と抽象概念の分類は，それほど厳密なものではない。その名詞が指す対象物を実際に手で触ることができるか否か，あるいは，「あっ，（　　　）がある」という単純な現象文の主語になり得るか否かというような基準で，筆者が分類した。

表の上から順に並んでいる「初級」「中級」「上級」「超級」というのは，それぞれの語の初出のレベルを表している。たとえば，「具体物」の「初級」の「学校」は，1人以上の初級話者が1回以上「学校」という語を発話したということを意味している。つまり，誰か1人が1回でも発話すれば，「初出である」と認定するわけである。「具体物」の「中級」の「幼稚園」は，それを発話した初級話者が1人もおらず，かつ，1人以上の中級話者が1回以上「幼稚園」という語を発話したということを意味している。「上級」や「超級」の語についても，同様である。

意味や話題による分類のみでなく，このようなレベルによる分類も，非母語話者の日本語コミュニケーション能力や，その育成を考える際には重要なものになるのではないかと思われる。たとえば，表1を利用して「町」という話題に関する語彙シラバスを作成することも可能であろう。

3. 習得に影響を与える語の性質に関する研究

3.では，習得に影響を与える語の性質に関する研究が必要であることを述べる。日本語学では語の性質に関する研究が行われているが，それが習得にどのような影響を与えるのかということには関心が払われていない。また，第二言語習得研究の中には語彙習得研究という領域があるが，そこでは，主に習得の心理的なメカニズムに焦点が当てられており，語の性質を明らかにすることが研究の主眼とはなっていない。

たとえば，ある名詞が「具体物」を表しているのか，それとも「抽象概念」を表しているのかということは，その名詞の習得に決定的な影響を与えているのではないかと考えられる。

2.の表1は,「町」という話題に属する名詞を, KYコーパスでの初出語によって分類したものである。その際, それぞれの名詞を具体物と抽象概念の二者に分類したのであるが, 両者を見比べてみると, 具体物を表す名詞の初出は初級・中級に多く, 一方, 抽象概念を表す名詞の初出は上級に多いことがわかる。つまり, 抽象概念を表す名詞よりも具体物を表す名詞の方が早く習得される可能性があるということである。

　さらに, 表1に掲載されている名詞を単語親密度という観点から見直してみると, 興味深いことがわかる。単語親密度とは, 天野成昭・小林哲生(2008)によれば「単語のなじみの程度を複数の評定者が7段階等で評定したときの平均値」のことである。日本語母語話者48名が単語のなじみの程度を評定した結果として, 天野成昭・小林哲生(2008)には, 28,113語の単語親密度が45,691種類の語義別に記載されている。この単語親密度の数値に基づいて表1の名詞を並べ直して新たな表を作り, それを表1と比べてみる。

　表1には「町」に関する99語が掲載されており, そのうち, 60語が具体物で, 39語が抽象概念である。具体物の60語のレベルの内訳は, 初級21語, 中級25語, 上級11語, 超級3語となっているので, これら60語を単語親密度の高い順に並べ直し, 上位21語を「親密度1」, その次の25語を「親密度2」, その次の11語を「親密度3」, 最後に残った3語を「親密度4」とした。

　表1の抽象概念の39語についても, 同様の作業を行った。ただし, 超級の欄にある「街角」という名詞については, 天野成昭・小林哲生(2008)からは単語親密度の数値が得られなかったため, 分析の対象から除外した。具体的には,「街角」を除いた38語を単語親密度の高い順に並べ直し, 上位6語を「親密度1」, 次の12語を「親密度2」, 次の15語を「親密度3」, 最後に残った5語を「親密度4」とした。このようにしてできたのが, 次の表2である。

表2　単語親密度による「町」に関する語の分類(98語)

	具体物(60語)	抽象概念(38語)
親密度1	<u>家</u>，映画館，<u>駅</u>，<u>学校</u>，喫茶店，高校，住宅，小学校，<u>スーパー</u>，<u>スーパーマーケット</u>，<u>大学</u>，短大，中学校，停留所，デパート，道路，<u>図書館</u>，<u>美術館</u>，<u>病院</u>，歩道，幼稚園(21語)	田舎，北，東西，南北，西，東(6語)
親密度2	アパート，オフィス，会社，銀行，<u>空港</u>，公園，<u>交差点</u>，工場，施設，支店，事務所，商店，<u>信号</u>，<u>センター</u>，<u>タワー</u>，寺，<u>通り</u>，博物館，<u>橋</u>，プール，<u>ホテル</u>，店，道，旅館，レストラン(25語)	活気，市街，地方，都会，都市，隣，人情，<u>左</u>，町，南，村，名所(12語)
親密度3	遺跡，会館，<u>角</u>，基地，教会，商社，大使館，団地，<u>文化財</u>，港，<u>役所</u>(11語)	上，国，県，郊外，高層，市，首都，都(と)，<u>農村</u>，方角，街，右，道端，幅，横(15語)
親密度4	食堂，神社，<u>税務署</u>(3語)	区，公衆，下，州，都(みやこ)(5語)

　表1ではOPIのレベルによって語を分類し，表2では単語親密度によって語を分類したわけであるが，両者の分類はどの程度共通しているのであろうか。また，具体物と抽象概念とでは，どちらの方が共通する度合いが高いのであろうか。

　表2の下線を付した語を見ていただきたい。親密度1と初級，親密度2と中級，親密度3と上級，親密度4と超級が，それぞれ表2と表1で対応するものであると考え，両者に共通する語には下線が付してある。たとえば，表2の具体物の親密度1では「家」「駅」「学校」「スーパー」「スーパーマーケット」「大学」「図書館」「美術館」「病院」の9語に下線が付されているが，これら9語は，表1でも具体物の初級に含まれて

いたということである。また，表2の抽象概念の親密度1では「北」「東」の2語に下線が付されているが，これら2語は，表1でも抽象概念の初級に含まれていたということである。

　下線が付された語の数は，具体物が60語中29語であり，抽象概念が38語中10語である。一致率は，具体物が48％で，抽象概念が26％であり，具体物の方が一致率がかなり高いという結果になっている。

　「町」に属する語については，抽象概念より具体物の方がOPIと単語親密度による分類の一致率が高いのであるが，他の話題ではどうなのか。「町」と同様の調査を「建築」「食」「政治」という話題でも行い，具体物と抽象概念のそれぞれについて，OPIと単語親密度による分類の一致率をまとめたものが，次の表3である。

表3　OPIと単語親密度の分類の一致率

	町	建築	食	政治
具体物	48％ (29語/60語)	46％ (21語/46語)	66％ (42語/64語)	－
抽象概念	26％ (10語/38語)	20％ (2語/10語)	38％ (6語/16語)	27％ (13語/48語)

　まず，「町」については，先ほども述べたように，具体物と抽象概念の一致率はそれぞれ48％と26％であり，具体物の方が一致率が高い。「建築」についても，具体物と抽象概念の一致率はそれぞれ46％と20％であり，「町」とほぼ同様の数値が得られていると言える。「食」については，具体物と抽象概念の一致率はそれぞれ66％と38％である。「町」「建築」と比べると両方とも数値が高くなっているが，具体物の方が一致率が高いことには変わりがない。「政治」は，具体物が1語もなく，すべての語が抽象概念であるという話題である。「政治」の抽象概念の一致率は27％で，他の話題の抽象概念の一致率と似たような値であり，かつ，他の話題の具体物の値よりもかなり低い。

　今後，さらに多くの話題について検討していく必要があるが，この4

つの話題を見るかぎりでは，具体物と抽象概念との間には明らかな差が見られ，具体物の方がOPIによる分類と単語親密度による分類の一致率が高い。つまり，具体物については，OPIにおける名詞の出現順序は単語親密度によって説明できる可能性があるが，抽象概念についてはそうではないということである。具体物を表す名詞の習得には，単語親密度が大きな影響を与えている可能性がある。

4. 身近な語に関する調査

4.では，どのような語が非母語話者にとって身近なのかを調査することの必要性について述べる。3.では，具体物を表す名詞の習得には単語親密度が大きな影響を与えている可能性があることを述べた。つまり，具体物については，身近にあってなじみの程度の高いものから順に，その名称を覚えていくということである。しかし，何が身近にあるのかということは個々の非母語話者によって異なるであろうし，また，日本語母語話者と非母語話者の間でも，身近にあるものが異なっている可能性がある。そのため，非母語話者にとって身近な語とはどのような語なのかということを調査する必要がある。

ここで，もう一度，表1と表2を見ていただきたい。両者の具体物を見比べ，単語親密度が低いにもかかわらず初級話者が使用している語を探すと，「会館」「角(かど)」「食堂」の3語が浮かび上がる。「会館」「角」は親密度3に，「食堂」は親密度4に，それぞれ分類されているにもかかわらず初級話者が使用している。なぜ親密度が低い語，つまり，あまり身近にはないであろう具体物の名称を示す名詞を，初級話者が身につけることができたのか。「会館」「角(かど)」「食堂」が使用された実際の発話を，次の(7)から(9)に示す。なお，Tはテスターの発話，Sは非母語話者の発話であり，下線は筆者によるものである。

　　(7)　T：そうですか、うん、じゃどうして今ー、ピンポンをしませんか
　　　　　S：どうしてー、〈うん〉寮、〈ん〉うー会館、〈うん〉で、えーします、〈あっしますか〉します

(KYコーパス：中国語話者，初級 – 中，CNM02)
(8)　S：前に、前に、建物、〈うん〉ん、んーんー、会いましょう
　　　T：何の建物
　　　S：何の建物、んーんんんん、んー、ん、かー、<u>かど</u>で、んー、んー、前に、〈えー〉あー駅の〈えー〉出入り出入り口　　（KYコーパス：英語話者，初級 – 中，ENM02)
(9)　T：えー日本でよく、レストランに行きますか
　　　S：んー、はい、あー、んー、んー、に日本で、レストランに、んー、行きません、んー、大学の、<u>食堂</u>だけ
(KYコーパス：英語話者，初級 – 中，ENM02)

　(7)は，この部分だけを読んでもわからないが，この少し後に「T：会館ですねあなたのいえは」「S：はいはい」というやりとりがあり，この非母語話者が「会館」に住んでいることがわかる。この非母語話者は，おそらく留学生なのであろう。「会館」というのは，日本語母語話者にとっては，それほどなじみのある語ではないのだが，この非母語話者はたまたま「会館」に住んでいるので「会館」が非常に身近であり，だから，「会館」という語を早い段階で身につけたのだろう。
　(8)の「角（かど）」については，なぜこの日本語母語話者が発話できたのか，説明を見つけにくいので，何らかの理由でたまたま覚えたというだけのことかもしれない。(9)の「食堂」については，通っている大学に食堂があるということであり，特に，その大学の多くの学生が，その食堂を「学食」「生協」などとは呼ばずに「食堂」と呼んでいるのであれば，その大学の留学生にとっては「食堂」という語が非常に身近なものになるであろう。
　何らかの事情によってたまたま覚えてしまうということもあるかもしれないが，具体物については，基本的には，身近にあるものの名称から覚えていくようである。身近なものの名称から覚えていくというのは，当然のことであるとも考えられるが，非母語話者にとって何が身近であるかは，実際に調査してみる必要があるだろう。

5. 抽象概念を表す名詞の用法に関する研究

5.では，抽象概念を表す名詞の用法に関する研究が必要であることを述べる。具体物を表す名詞については，その具体物が目の前にあれば，「あっ，（　　　）がある」という簡単な文型の中で使用することができる。しかし，抽象概念を表す名詞の中には用法がそう簡単でないものがあり，したがって，その用法について研究する必要が生じる。

2.の表1をもう一度見ていただきたい。表1では，上級に多くの語が集まっているが，その中の「首都」「都（みやこ）」「村」の3語に注目し，それらがどのように使用されているのかを観察してみることにする。

次の(10)(11)は，「首都」と「都（みやこ）」が使用されている例である。(10)では「首都」が1回，「都（みやこ）」が3回使用され，(11)では「首都」が1回使用されているが，KYコーパスでの「首都」「都（みやこ）」の使用例は，これですべてである。

(10) あの洛陽ーというのは、〈ええ〉なんていうんですか、やっぱり、あのー中国ではあのきゅうちょうの都とゆわれているんです、〈えー〉つまり、あのー、昔の、まー日本のこの京都みたいな、〈えーえー〉かんじで、〈えーえーえー〉思えばいいです、〈あーそうですか〉あのーうん、昔ーの首都、〈ええ、んー、はーはーはー〉国の都だったんです、〈んーはーはーはー〉でもそれはあのーずいぶんふる古い時代の、都だった　　（KYコーパス：中国語話者，上級－上，CAH06）

(11) そこは一応あの満州の首都、新京〈あーはーはー〉なんですよね、〈あーはーはーはー〉で日本人は引き上げてきて〈えー〉名前をまた元に、戻って、〈えーえー〉長春に、になったんなったんって

（KYコーパス：中国語話者，上級－上，CAH07）

(10)(11)を見ると，「首都」「都（みやこ）」は1文のみで構成された発話の中で用いられているのではなく，まとまった量の発話の中で用いられていることがわかる。「首都」や「都（みやこ）」などのような抽象度

の高い言葉には，まとまった量の発話を要求する力があり，そのため，まとまった量の発話を行うことができる上級以上の話者でなければ，「首都」や「都（みやこ）」などの語を使用することができないのではないだろうか。

　たとえば，「東京は日本の首都です」という1文のみを発したとすると，「だから何なのだ」「それでどうしたのだ」というような反応を聞き手から引き出してしまうのではないだろうか。これは，文の必須成分が欠けた「ジョンが乗ったよ」という文を発した時に，「えっ，何に？」という聞き手の反問を誘発してしまうという現象と類似したものであるように思われる。いったん「東京は日本の首都です」という文を発してしまったのであれば，「だから，人口が最も多く，政治・経済の中心にもなっているのです」などと続けていかないことには，その発話の収まりがつかないのではないだろうか。

　次の(12)は，「村」が使用された発話例である。

　　(12)　あのー、もちろん、えーと、今あの地球は一つの村だから、〈ええ〉お互いに共存して、〈んー〉んー、生きていく、という意識はですね、あのー基本的な方針として、人々に、教えて、あげようと、〈んー〉思っています

　　　　　　　　　　　（KYコーパス：中国語話者，上級−上，CAH01）

　現在，日本の各地で町村合併が進み，「○○村」という地名は非常に少なくなっている。だから，「村」という語の使用方法を考えた場合，「私は○○村に住んでいます」というような平易な発話の中で用いられるのではなく，「共同体の象徴」や「村社会」というような意味合いで，何か抽象度の高い意見を述べる時に主に用いられるのではないかということが推測される。

　先ほどの「首都」や「都（みやこ）」と同様，「村」という語は，住所を教えるなどの単純な情報提供のためではなく，抽象度の高い発話を行うために，まとまった量の談話を伴って使用されるのではないだろうか。そして，この「まとまった量の談話を伴って使用される」というところに，「首都」「都（みやこ）」「村」などの語を使用する上での難しさ

がひそんでいるのではないかと思われる。

6. 話題に従属しない実質語に関する研究

6.では，話題に従属しない実質語に関する研究が必要であることを述べる。話題に従属しない実質語とは，「ある」「大きい」「今」などである。これらの語は，辞書的意味がやや希薄になっているためか，ある特定の話題の読み物や会話に多く表れるということが考えにくい。これらの語の分類のためには，話題ではなく，「存在」「広狭・大小」「時間関係」などといった概念を表すカテゴリーを使用するのが適切であるように思われる。「存在」「広狭・大小」「時間関係」などのカテゴリーは，存在文やテンス・アスペクトといった文法カテゴリーと密接な関わりを持つものであると考えられる。「存在」「広狭・大小」「時間関係」などに分類される実質語の研究を行うことによって，語彙と文法の連続性を見出すことができ，それが，さらには，語彙と文法を融合したシラバスを生み出すことにもつながっていくのではないだろうか。

2.では橋本直幸(2008)の話題分類を利用したが，橋本直幸(2008)には，100種類の話題タグの他に，「存在」「広狭・大小」「時間関係」「位置関係」「量」などといった12種類の概念タグも所載の語に付されている。そこで，この概念タグを利用して，話題に従属しない実質語が，非母語話者にどのように使用されているのかということを眺めてみる。具体的には，タグ付きKYコーパスの中で「名詞・一般」「名詞・副詞可能」「名詞・代名詞」のいずれかのタグが付されている2516語(異なり)に対して，橋本直幸(2008)の12種類の概念タグを付し，概念別・レベル別に分類してみた。

分類の結果，「時間関係」に分類された語が最も多く，111語であることがわかった。このうち，そのままで，もしくは助詞「に」「は」などを付加することによって，「時を表す副詞」のようにして使用できるものが71語であったので，それらを次の表4にまとめた。

表4　時の副詞として使用可能な「時間関係」の初出語

	制約なし	制約あり	
		テンスの制約	アスペクトの制約
初級	朝, いつ, 今, お昼, 火曜日, 今日, 金曜日, 月曜日, 午後, 今年, 今晩, 水曜日, 土曜日, 日曜日, 晩, 昼, 木曜日, 夜	明日, 昨日, 去年, 先週, 来年	毎週, 毎日
中級	午前, 今月, 今週, 土, 土曜, 日(にち), 昼間, 夜中	以前, いつか, おととい, おととし, 今朝, この間, このごろ, 今後, 今度, 最近, 将来, 昔, 来週	いつも, 永遠, 日常, 普段, 毎朝, 毎月, 毎年
上級	火曜, 金, 月曜, 今回, 上旬, 中旬, ついたち, 日曜, 日中	過去, 現在, 先ほど, 先月	平日, 毎晩
超級	―	いずれ, 来月	日頃

　表4では，上から順に「初級」「中級」「上級」「超級」と並べ，それぞれの語の初出レベルを示した。表の左右は，テンス・アスペクトに関する文末制約の有無を表している。「制約なし」というのは，ル形・タ形というテンスの対立からも，ル形・テイル形というアスペクトの対立からも制約を受けておらず，文末にはル形・タ形・テイル形・テイタ形が自由に出現し得るということである。「初級」の欄にある「朝」を例にとれば，「朝，新聞を読む(ル形)」「朝，新聞を読んだ(タ形)」「朝は家事をしている(テイル形)」「朝は家事をしていた(テイタ形)」などのような文を作ることができるということである。
　「テンスの制約」とは，文末が，ル形・タ形というテンスの対立から制約を受けているということである。たとえば，「初級」の欄にある「明日」であれば，文末はル形になるのが普通であろうし，「昨日」であれば，タ形になるのが普通であろう。そして，「アスペクトの制約」とは，文末が，ル形・テイル形というアスペクトの対立から制約を受けて

いるということである。たとえば,「初級」の欄にある「毎週」は,文末にテイル形を要求する。

ただし,「毎週」に関しては,「毎週,教会に行きます」というように,テイル形を使わなくても文が成立するので,常に文末にテイル形が要求されるわけではないが,「毎週」は習慣・継続を含意しているので,もし「毎週」を省略するのであれば,「教会に行っています」のように,テイル形を使用して発話する必要がある。

表4を眺めてみると,「制約なし」の語の初出は初級に最も多く,「制約あり」の語の初出は中級に最も多いことがわかる。これは,KYコーパスのレベル判定がOPIに基づいて行われていることによるものであると考えられる。OPIで「中級」と判定されるためには,「文」レベルの発話を維持することが必須となる。だから,テスターは,被験者が「文」レベルの発話が維持できるかどうかを試すために,過去のことや未来のことを聞くなどしてテンス・アスペクトの面から被験者に揺さぶりをかけ,それに耐えることができた被験者が「中級である」という判定を得ることができるのである。

つまり,表4は,OPIのガイドラインに基づいて作られた,「時間関係」に関する語彙・文法融合シラバスであるとも考えられる。OPIのガイドラインは汎言語的なものであり,特定の言語に関する記述はない。そのため,仮にOPIのガイドラインに基づいた日本語教育のシラバスを作ろうとしても,語彙・文法に関してはまったく参照することができない。しかし,このようにして,OPIによって判定がなされた非母語話者の発話を「存在」「広狭・大小」「時間関係」などの概念で分類することにより,日本語の語彙・文法融合シラバスができあがる可能性がある。

7. 実質語と機能語の融合的な研究

7.では,実質語と機能語の融合的な研究が必要であることを述べる。1.の冒頭で述べたとおり,コミュニケーションという視点に立った文法の研究は,すでにある程度行われている。また,コミュニケーションと

いう視点に立った語彙に関する研究の重要性については，2.から6.で述べたとおりである。しかし，語彙と文法は，コミュニケーションの中で別々に使用されるものではなく，組み合わさって使用されるものである。したがって，語彙と文法，あるいは，実質語と機能語の研究についても，両者を融合的に眺めていくことが必要である。

ここでは，6.で見た「時間関係」の語を例にとって解説する。6.の表4の「テンスの制約」の「初級」に入っている語を見ていただきたい。そこにある語は「明日」「昨日」「去年」「先週」「来年」である。このうち，「昨日」「去年」「先週」は文末にタ形を要求する。このような文末の制約は本当に守られているのだろうか。次の(13)から(15)は「昨日」「去年」「先週」の使用例である。

(13)　T：[省略]いつ日本に来たんですか
　　　　S：いつ、あー　先週　{笑い}〈あ、先週〉はい　{笑い}
　　　　　　　　　　　(KYコーパス：中国語話者，初級−上，CNH02)
(14)　きき、んーき昨日〈昨日の朝〉ん、昨日朝〈うん〉あーん、、、
　　　起きました　(KYコーパス：英語話者，初級−中，ENM02)
(15)　はいうーん去年、〈え〉うーんはい、去年、の、来ました、
　　　〈あっそうですか〉はい
　　　　　　　　　　　(KYコーパス：韓国語話者，初級−上，KNH02)

(13)のように単語のみの発話は見られたが，それ以外の例では，(14)(15)のように文末のタ形と呼応しており，「昨日，行きます」のような発話は見られなかった。

次に，6.の表4の「テンスの制約」の「中級」に入っている語を見ていただきたい。そこにある語は「以前」「いつか」「おとい」「おととし」「今朝」「この間」「このごろ」「今後」「今度」「最近」「将来」「昔」「来週」である。これらも文末に制約のある語であるが，その制約は守られているのだろうか。次の(16)(17)を見ていただきたい。(16)は「いつか」の使用例で，(17)は「最近」の使用例である。

(16)　S：質問あ、あの、、Tさんはいつかあの、アメリカ住んだ
　　　ことありますか

T:ないです、〈ないですか〉うん

(KYコーパス：英語話者，中級－上，EIH04)

(17) あのーすいませんですが、〈えーえー〉いつも、あの、いいろんな、んー、音が出てーきて、〈ええ〉出て、出てー、出てきて、だからーわたしはあのー、あしたー、あ<u>最近</u>はー、あー、授業、あっなにがテストが、〈ええ〉ありますので、〈あーはーはーはー〉えっとー、いつもー、音、音が出てきてー、うんなれませんのでー、落ちつ、落ち着かない、落ち、落ち着かないのでー、〈えーえー〉えーっとーだからー、あのーなにか、少しちょっとー、〈ええ〉あーとー、んー、小さく、静かにーして、いいかね、んあー

(KYコーパス：中国語話者，中級－中，CIM05)

(16)では「いつか」が使用されているが，「住んだことがありますか」という文末との呼応が不自然であるため，ややわかりにくい発話となっている。「いつかアメリカに住みたいですか」などと聞きたいのではないかと受け取られてしまう可能性がある。また，(17)では「最近」が使用されているが，「あります」との呼応が不自然である。「最近テストがありました」と言いたいのではないかと受け取られてしまう可能性がある。

たまたまかもしれないが，(16)も(17)も文末は正しく，「いつか」「最近」の使い方がおかしいのではないかと考えられる。(14)(15)でも文末のタ形が正しく使用されていることを考えると，タ形とル形の使い分けによって過去の事象と非過去の事象を表し分けることは，かなり早い段階から意識されているようである。しかし，次の段階で，時間に関わる表現を詳細にしようとした際に，実質語の選択を誤ってしまうことが多いのではないだろうか。

8. まとめ

2.から7.では，1.の(1)から(6)で述べた研究・調査が必要であることを述べ，その具体的な内容として，次の(18)から(23)を主張した。

(18) 実質語の分類は重要であり、分類基準には、意味、話題、レベルなどがある。
(19) 具体物を表しているのか、抽象概念を表しているのかということは、その名詞の習得に大きな影響を与える。
(20) 日本語母語話者と非母語話者とでは身近だと感じる語が異なるため、非母語話者にとっての身近な語に関する調査が必要である。
(21) 抽象概念を表す名詞の中には、まとまった量の発話を要求するものがあり、それがその名詞の使用を難しくしている。
(22) 話題に従属しない実質語は、語彙と文法をつなぐ媒介となるものである。
(23) 非母語話者による実質語の使用状況を、機能語と関係づけて眺めることが重要である。

　この論文では、主にコミュニケーションにおける実質語の役割に焦点を当ててきたが、2.から7.の分析を通して最も強く主張したいことは、「分類する」ということの重要性である。機能語と比べると、実質語ははるかに数が多い。だから、何らかの方法で語を分類することによって比較・対照すべき語を制限し、その上で一つひとつの語を丹念に見ていくことが大切なのではないだろうか。
　2.から7.では、いくつかの切り口を準備して実質語の分析を行ってきたが、その分析から得られた実質語の分類が、次の表5である。

表5　実質語の分類

カテゴリー	実質語A	実質語B	実質語C	機能語
例	アパート	首都	昔	を
具体・抽象	具体物	抽象概念		
話題との関係	話題に従属する	話題に従属しない		
辞書的意味	あり			なし

まず，「アパート」「家」「駅」など，具体物を表す実質語 A が，最も典型的な実質語であると考えられる。具体物を指しているわけだから，まさに実質・実体が存在し，それが身近であるか否かということが習得の鍵となる。「首都」「都(みやこ)」「村」などの実質語 B は，抽象概念を表し，関連する情報も合わせて述べなければならないというような使用上の難しさを持つ。「昔」「いつか」「このごろ」「最近」などの実質語 C は，実質語 A・B とは違い，「町」「食」「政治」などといった話題に従属するのではなく，「時間関係」「位置関係」「量」「推移・過程」といった概念に従属する。特定の話題に従属していないという点は機能語と共通しているが，まだ辞書的な意味を有しているので，その点が「が」「を」「に」などの機能語と異なっている。

　表 5 の分類が的を射たものであるかどうかはわからないが，このように，何らかの分類を試みていくことが，コミュニケーションの中での語彙・実質語の役割を明らかにしていく際には重要になるのではないかと思われる。

調査資料

KY コーパス，鎌田修・山内博之，version 1.2，2004.

タグ付き KY コーパス，李在鎬(http://www30.atwiki.jp/corpus-ling/pages/57.html)

『日本語能力試験　出題基準〔改訂版〕』，国際交流基金・日本国際教育支援協会，凡人社，2002.

『分類語彙表　増補改訂版』，国立国語研究所，大日本図書，2004.

引用文献

天野成昭・小林哲生(2008)『基本語データベース　語義別単語親密度』学研．

庵功雄(2009)「推量の「でしょう」に関する一考察──日本語教育文法の視点から──」『日本語教育』142，pp. 58-68，日本語教育学会．

押尾和美・秋元美晴・武田明子・阿部洋子・高梨美穂・柳澤好昭・岩元隆一・石毛順子(2008)「新しい日本語能力試験のための語彙表作成にむけて」『国際交流基金日本語教育紀要』4，pp. 71-86.

菊地康人・増田真理子(2009)「初級文法教育の現状と課題――「です・ます完全文」をテンプレートとする教育からの転換を――」『日本語学』28-11, pp. 64-74, 明治書院.

野田尚史(編)(2005)『コミュニケーションのための日本語教育文法』くろしお出版.

橋本直幸(2008)「「日本語教育版分類語彙表」作成の試み」, 山内博之(編)『日本語教育スタンダード試案　語彙』pp. 9-92, ひつじ書房.

山内博之(2009)『プロフィシェンシーから見た日本語教育文法』ひつじ書房.

第3部

日本語の
コミュニケーション教育

コミュニケーションのための
日本語教育の方法

品田潤子

1. この論文の主張

　最近の日本語教育では，タスク重視や内容重視のアプローチのように，コミュニケーション中心の教育方法が注目されている。接触場面の研究や社会文化的アプローチなど，言語学習を社会的文脈でとらえる見方も広がっている。ところが，依然として，初級では文法・文型を順序立てて教えることが大切だと考える教師が多く，コミュニケーションのために必要な学習が後回しにされている。これはコミュニケーション力をつけることを目指す学習者に回り道をさせていることにほかならない。これを改善するには，コミュニケーションのための基礎力とは何か，どのような教育方法が効果的かということを明確に示す研究が必要である。

　この論文では，はじめに入門期からコミュニケーションのための日本語教育をする方法として(1)から(4)が有効であることを述べる。

　　(1)　「作り物」ではなく「本物」を使う方法：
　　　　「本物」とは，学習者の現実に密着しているという意味である。現実を真似た状況を授業に持ち込むより学習者の現実をそのまま使った方が，教育効果ははるかに高い。

　　(2)　現実のコミュニケーションを観察する方法：
　　　　現実のコミュニケーションがどのようになされているのか観察することは，コミュニケーションの方法を学ぶための第一

歩である。学習者が自分で観察して得た情報を活用できると自律的な学習ができるようになる。
（３）　共同作業をする方法：
共同作業は，身体や道具を使い，複数の人間が関わって進められる。現実的なコミュニケーションを幅広く経験することができる。
（４）　「やり直し方」を練習する方法：
現実の会話は，話し手が言い直したり，聞き手が確認したりを繰り返しながら進んでいく。授業で人工的に整えられた会話ばかり扱っていると，現実のコミュニケーションで生じるこのような現象に対応できるようにならない。

次に，コミュニケーションのための日本語教育を初級から展開するためには，（５）と（６）のような研究が必要であることを述べる。
（５）　活動中心の学習の段階性に関する研究：
文法・文型中心の学習が支持される理由は，学習段階が易から難へ明確に示されているためである。文法・文型ではなく活動を中心とした学習の段階性に関する研究が必要である。
（６）　活動中心の学習のプロセスを可視化する研究：
ある文型がどのように習得されるかという研究ではなく，現実的な活動を通して，言語の学習が進んでいくプロセスを可視化し，実証する研究が必要である。

（５）の研究によりコミュニケーションのための日本語教育の枠組みが確立し，（６）の研究により教室活動をデザインする教師の関心が文法から活動に移るのではないだろうか。これがこの論文の主張である。

2．「作り物」ではなく「本物」を使う方法

文法中心の日本語教育では，学習済みの言語形式だけを使って，コミュニケーションの練習をする。文型の意味と形をわかりやすく提示し，練習をしたあとで学習者が関心のある話題で話す。その流れがうまくできているのがよい授業とされる。このような授業は，一見よくでき

ているように見えても，コミュニケーションのための日本語教育という観点から見ると，疑問がある。なぜなら，当事者が本当に話したいことが単純化されたり，事実が歪曲されたりするからである。その結果，言語形式は理解できても，実際に使う力がつかない。実際の場面では，事実を伝えることが求められるからである。

コミュニケーションのための授業では「作り物」ではなく「本物」を使うべきである。ここでいう「本物」とは，単に，実際の生活で使われている物を使うというだけでなく，状況も話す当事者にとっての現実であるということである。

文型積み上げ式の初級教科書の第1課は，ほとんどが「［名詞］は［名詞］です」や「［名詞］の［名詞］」を扱っている。授業では，これらの文法・文型を使って自己紹介の練習をする。自己紹介というのは現実である。しかし，その内容と方法は学習目標の文法・文型に合わせて制限される。例えば，筆者が使用している初級日本語教科書の第1課の Target Dialogue は次のような会話である。

（7）　ささき　：たかはしさん，こちらは　スミスさんです。
　　　　　　　　スミスさんは　ABC フーズの　べんごしです。
　　　スミス　：はじめまして。スミスです。よろしく　おねがいします。
　　　たかはし：はじめまして。のぞみデパートの　たかはしです。よろしく　おねがいします。

(*Japanese for Busy People I*, p. 3)

初回の日本語授業で，この会話に自分の名前や会社名を当てはめて，同じようなやりとりができるようになれば，確かに達成感があるだろう。しかし，教室でのロールプレイ以外に，実際の生活で型通りに紹介され，答えるという機会はまれである。また，スミス氏が「はじめまして」と言ったあとに，相手が同様に単純な挨拶を返してくれる可能性はもっとまれである。例えば「ああ，スミスさんは日本語がおできになるんですか」のように言われる可能性の方が高い。

このような会話例を学び，その通りにロールプレイができるように

なったからといって，コミュニケーションのための日本語教育ができたと考えてはいけない。また，この会話を学習したからといって，「は」や「の」の働きが完全に理解できるわけでもない。「[名詞]は[名詞]です」や「[名詞]の[名詞]」は単純な文型のように見えるが，非母語話者は具体的な意味をもたない「です」にとまどい，多様な「の」の働きにもとまどう。「は」が主題を導くと言われても，その段階で主語との違いを考えることはないであろう。

文型積み上げ式の教科書の会話例の役割は，これから少しずつ学習していく文法・文型の使い方の例を，単純化された会話の中で示すことである。コミュニケーションそのもののためではなく，言語形式を整理して示すことである。実際にコミュニケーションをすることが目的なら，それとは別にコミュニケーションの実践を繰り返す必要がある。

筆者は，ビジネスパーソンのための初回の日本語クラスでは，学習目標を「お互いの名刺に書かれていることを伝え合うこと」に設定する。文法・文型の導入はせずに，まず教師が「ＡＪＡＬＴ（アジャルト）の品田です。よろしくお願いします」と始める。意味がわからなければ，名刺の英文を見せて確認する。名刺には，英語で組織名，職名が書いてある。学習者はそれを見て教師が言ったことを理解する。クラスに参加しているビジネスパーソンは，それを真似てお互いに自分の情報を伝え合う。うまく言えなければ教師が助ける。必要な日本語を提供し，必要なら辞書で意味を確認する。そうやって，社会人同士の本当の情報交換をする。

この過程では，文法中心の学習では提示されない文が多く登場する。

　　（8）　学習者1：私は参事官です。
　　　　　　学習者2：参事官は，Counselor？
　　　　　　学習者1：はい。Counselor.
　　　　　　学習者2：私は〇〇大使館。一等書記官。文化の担当です。

文型積み上げ式の授業では，このようにさまざまな文やその断片が出てくることを避ける。「（私は）文化の担当です」と「担当は文化です」の違いの説明を求められたり，「文化の担当」を「文化担当」と言ってもいいのはなぜかと問われたりしないように授業を進めたいと，教師が

考えるからである。文法・文型を学ぶ過程で余計な混乱をさせないように努める。

しかし，この表現を使う練習をしている本人が「○○大使館の文化担当の一等書記官」である限り，混乱することはない。その事実を他の人に伝えることに集中し，提供された表現を夢中で使う。教師の助言は「どちらでもいい」「そう言ってもかまわない」程度で納得する。使われたさまざまな表現から，文法規則を理解する者もいる。

授業の終わりに，彼らが使った日本語を整理する。「自己紹介のスピーチをするとき，どのように言えばよいか」と「質問に答えるとき，どのように言えばよいか」という二種類に分けて，彼らがそれぞれ自分のためのメモを作る。この整理の仕方は学習者の要望によるものである。そのメモが，実際に仕事で出席するパーティーなどで役立つことを熟知している学習者の知恵であろう。

次に，情報交換の過程で扱った語彙の組み合わせで，同じ形のものを並べて示す。「アメリカの会社」「車の会社」「日系の企業」「政治の担当」など。さらに「アメリカ会社」「車会社」はだめで，「日系企業」「政治担当」はよいことなども伝える。彼らは，全体を聞き流しながら，自分に必要な部分だけをしっかり確認する。そして，この作業を通して，「の」という助詞の使い方の概略を理解するのではないだろうか。自分に関することであれば，かなり安定して使えるようになる。

授業では，クラスに参加している学習者それぞれの現実に関連して多くの新出語彙が飛び交うが，それでもあまり混乱は生じない。なぜ，混乱しないのか。それは，それぞれ自分にとっての現実と使用目的が明確に存在するからである。何を選びとればよいかがわかる。

もちろん一回の授業で流暢にやりとりができるところまではいかないが，各自のノートには「これは現場で使える」と確信した語彙や表現のメモが並ぶ。初回の授業から目を見張るほど，学習する側が主体性を発揮する。これは学習した日本語が自分の現実と密接に結びついているからだと考えられる。

教師が，先に文法や文型を念頭において，授業でそれらをわかりやす

く導入したいと考えると，たとえ簡単な自己紹介であろうと内容を単純化しなければならない。学習者が自分でそのような学習ストラテジーを使うのはよいが，教師がそのような教案だけで授業を進めていくと，現実の場でコミュニケーションができるようにならない。

　もう少し複雑な自己紹介の例を挙げる。「自分の経歴」について話すということは自分がよく知っている過去の事実を話すことである。正確に話すためには動詞のテンス・アスペクトを正確に使わなければならない。文法中心の学習と「本物」によるコミュニケーション中心の学習の違いを「～てから」を例に述べる。

　文法中心で「～てから」を教えるときは，次のような用例によって，続く動詞のテンス・アスペクトとの関係を指導する。

　　（9）　日本に来てから，日本語の勉強を始めました。
　　　　　日本に来てから，ずっと東京に住んでいます。

　これらの例文の内容は架空の事柄である。母語話者はこれらの文が伝える内容を想定できるが，初めて「～てから」を学ぶ非母語話者にはそれができない。例文からその意味をどう理解するかは不明である。よい教師であれば，不明のままに終わらせないように工夫するが，それは教師の力量任せになる。しかも手間がかかる。しかし，本人の経験，すなわち事実について述べれば，その心配はない。あるクラスで一人の学習者から事実を引き出し，教師の援助のもとに発話を完成させたところ次のようになった。

　　（10）　日本に来てすぐ日本語の勉強を始めました。それから，ずっと続けています。

　注目すべきことは「～てから」が使われていないことである。この学習者は「～に来てすぐ～を始める」「それから」「ずっと続ける」のような事実を正確に伝えるための言語形式と語彙を学ぶことができた。また，日本語の勉強をすぐ始めなかった学習者の場合は次のようになった。

　　（11）　日本に来て1年してから日本語学校に入りました。それまで日本語の勉強をしませんでした。

　この場合は，はっきりとした役割をもつ「てから」が使われている。

さらに空白の1年間を話題にすると、次のような発話を引き出せた。
> (12) 日本に来てから日本語学校に入るまで、1年間日本語を勉強しませんでした。仕事が忙しかったんです。時間がありませんでした。

このように、本人が熟知している事実を精緻に描写する日本語を提供することが「本物」による学習だと筆者は考える。クラスに学習者が複数いれば、異なる事実を扱うことができる。経歴について話すとき、使う動詞は限られている。それらが形を変えて使われることに接することが文法規則の理解につながるのではないだろうか。また、自分の経歴は話す機会が多い。一度正確な言い方を学習しておけば、教室の外でも使う機会が多い。習得しやすいことは言うまでもないだろう。

教師が留意すべきことは、学習者がそのときの自分の日本語力に適した取り組みをしているかどうかということである。既にできることを繰り返しているようなら、より複雑な言語活動を必要とする題材を提供する。難しい題材を扱いあぐねているようなら、何が足りないのか意識させ、その部分に特化した学習をさせるといった調整をするのが教師の仕事である。

学習者が実生活に密着したコミュニケーション力を高めることの重要性は広く認識されている。しかし、そのような取り組みのプロセスで教師のどのような働きかけが有効なのか、その方法や効果に関する研究が必要である。それがわからないために文法・文型の教育に頼る教師が多いのではないだろうか。

3. 現実のコミュニケーションを観察する方法

日本語の非母語話者が実生活で日本語でコミュニケーションに参加するということは、既に始まっているルールをよく知らないゲームに途中から参加するようなものではないだろうか。現場でどのようにコミュニケーションがなされているのか観察し、そこで得た情報を活用し、参加を試み、継続的に学習する力をつける必要がある。授業でも、それらに注目することを提案したい。

ビジネスパーソンの個人授業は企業の会議室で行うことが多いが，会議室が満室だと，コーヒーショップに行くこともある。そういう学習環境を嘆く教師もいるが，コーヒーショップは入門期の学習者にとって最適の学習場所である。筆者が何度か実際に個人授業をしたことがある都心のコーヒーショップは，地下鉄の切符売り場，コンビニ，銀行のＡＴＭ，郵便局などが至近距離にある。教室にメニューやＡＴＭの写真を持ち込まなくても，すべて実物がそろっているのである。コーヒーを買うとすれば，手元のメニュー，壁のメニュー，実際に対応してくれる店員，周囲の雑音，注文したコーヒーを待っているほかの客など，すべてがそろっている。教室で擬似コーヒーショップを作って注文する練習をしなければならないことの方を嘆くべきだろう。

　教師は，教室に擬似コーヒーショップを作り，あるいは本物のメニュー等を使い，教室で現実を真似ようとする。実際に店に出かけることもあるが，多くの場合，教室でリハーサルをしてから，店に行って注文をしてみるという手順がとられる。コミュニケーションのための日本語教育では，まず現場に出かけ，そこでどのようにコミュニケーションがなされているのか観察するところから入った方がよい。

　授業の例を紹介する。コーヒーショップでは，店員が注文を受けているカウンターの近くに座り，店員と客のやりとりに耳を澄ませる。学習者は聞こえた音をメモする。意味はわからなくてもよい。そのメモから勉強したい日本語(非母語話者にとっては，意味不明の音のつらなりであるが)を選ぶ。教師はその発音，表記を教える。学習者は観察を続け，その語彙や表現の意味や使い方を推測する。

　ある学習者は「あちら黄色いランプのカウンターの前でお待ちください」に注目した。その店では注文した客に店員が最後にこう言っていた。「あちら」の方向を見ると，確かに「黄色いランプのカウンター」がある。その前で客は注文した飲み物を「待っている」。その学習者は現場で観察した事実と日本語の関係を自分で学ぶ経験をしたのである。

　文法事項を学ぶ可能性について考えると，例えば，店内には(13)が存在する。

(13)　黄色いランプ
　　　カウンターの前
　　　あちらのカウンター
「形容詞の使い方」や「「の」の使い方」ではなく，「物の簡単な説明のし方」や「関係のある事柄のつなぎ方」のルールの概要を学ぶことができる。

　コミュニケーションの現場には，実際に見聞きしたことと直接つながる日本語があふれている。通常の生活ではコミュニケーションが成立してしまえば，その過程で自分が気づいたり，判断したりしたことは忘れてしまう。現場で授業をすれば，それらを意識化し，将来使える道具となるような働きかけができる。それが教師の仕事である。

　このような授業を1回だけでも経験すれば，学習者はそのあと同じ現場に一人で行ったとき，その続きができる。授業ではそのきっかけが作れればよい。このような方法の有効性を多くの教師が認識するためには，その学習効果に関する研究が必要である。

4. 共同作業をする方法

　共同作業は，コミュニケーションのための日本語教育に豊かな材料を提供する。共同作業といっても，特別な活動を考える必要はない。教室では教師と学習者がクラス活動のために共同作業をする機会が多い。例えば，グループ作業をするために教室の机を移動することがある。

(14)　そっちの端，持って。あの机もこっちに運んで。ここに車がついているから，ほら，動くよ。

　このような指示に従って机を移動する作業は，日本語を学び始めて間もない学習者にもできる。「ここに車がついているから」と言いながら，車を指差し，机を動かしながら「ほら，動くよ」と言えばよい。学習者にとって個々の語彙が初めて耳にするものであっても，話し手の動きを見ていれば全体の意味は理解できる。

　このような機会を利用すれば，「これ」「それ」のような指示詞や助詞の「も」を，「これは本です」「それも本です」のような例文で苦労して

導入や練習する必要はない。「こっち」「そこ」「あの」のようなさまざまな形も含めて，作業をする中で頻繁に使用例に接することができる。このような指示詞は共同で作業をするからこそ必要になることばである。学習も共同作業を通して行うのが自然である。頻繁に接したあとで，使われていた言語形式を整理するとよい。

　会場設営作業をするときによく使う動詞がある。「持つ」「運ぶ」「並べる」「合わせる」「そろえる」「くっつける」などである。これらの動詞の中には，使用頻度が高いにもかかわらず初級の教科書では紹介されないものもある。会場設営のほかにも，引っ越し，調理，スポーツの準備や実施など，さまざまな共同作業があり，作業の性質によって使われる動詞の種類は異なる。しかし，物を移動したり，変化を加えたりといった活動には共通点がある。動詞と共に用いる語彙や表現，それらのつなぎ方にも共通点がある。それらに慣れてくると，単に指示を聞いて作業をするだけでなく，自分から文を組み立てて指示を出すこともできるようになる。

　共同作業では，指差したり，自分でやって見せたりすることができるので，単語や文の断片でも意思疎通は可能である。不完全な文であっても学習者が自分から指示を出し，共同作業を成り立たせることができる。ほかの人の発話や自分の発話が共同作業の進行にどんな影響を与えたのか，事実を確認することができるのである。このような経験を通して，学習者は，ことばの意味や文法ルールだけでなく，ある表現をどんなタイミングで使うと適切に働くか習得していくことができる。

　技術研修生の日本語教育のプログラムで，研修を受けるために必要なやりとりを授業に組み込んで練習したことがある。例を挙げると，「はい」と言って，相手に何かを渡す。作業で手を離せないときに呼ばれたら「はい。すぐ行きます」と返事をするなどである。このような共同作業では基本的な表現も，従来の初級教科書にはほとんど出てこない。

　あるとき筆者が授業を終えて，研修センターを出ようとすると，近くの寮の窓から「先生」と呼ぶ声がする。見上げると，宿題を忘れた研修生が窓から叫んでいる。次に研修生が発したことばは「先生。ちょっと

まってください。宿題です。すぐ行きます」であった。日本語の学習を始めて2週間足らずとは思えないやりとりができた。

実際のコミュニケーションでは，学習者はやりとりにかかる時間を管理しにくい。理解と発話に時間がかかりすぎると，実際の会話は成り立たなくなる。すなわちコミュニケーションへの参加が制限される。しかし，共同作業なら，コミュニケーションに参加し続けることができる。作業の進行中は現場で意味を共有し続けることができ，たいていの場合，作業が完了するまで，コミュニケーションが途絶えることはない。

これまでにも述べてきたように，コミュニケーションのための日本語教育では，現実性が意味をもつ。現実には現実の文脈が備わっているからである。共同作業であっても，言語形式を覚えるために人工的に仕組まれたものは，あまり有効ではない。日本語教育に共同作業を取り入れるために，人工的な作業を考案するよりも，現実の作業に参加する方がずっと有効である。そのプロセスで適切な働きかけをするのが教師の仕事であり，その方法と効果に関する研究が必要である。

5．「やり直し」を練習する方法

教科書で示される会話は，ほとんどが整っている。途中で言いよどんだり，だれかの発言中にほかの人が割り込んだりすることはあまりない。現実の会話ではそういうことがよく起きる。会話分析と呼ばれる研究分野では，割り込み，言いよどみといった教科書の会話ではあまり見られない現象によって会話の秩序が維持されていることを解明している。授業で，整った会話ばかり扱っていると，現実のコミュニケーションで見られるこのような現象になかなか対応できるようにならない。

日本語能力試験の2級に合格した大学生のコースを担当したとき，トランプを使った活動をした。教師が学習者に「7並べ」のルールを説明しているとき，次のようなやりとりがあった。

  (15) 教師： だれかが8を出さないと，9以降が出せないので，
        そういういじわるをする人もいるんです。
    学習者：先生，すみませんが，説明がわかりませんでした。

　　　　　　　もう一度説明してくださいませんか。
　説明に対してこのように質問されると，まったくわからなかったのか，少しわかった部分があったのか見当がつかず，言われた方はとまどう。自然なコミュニケーションではわからなかった内容によって聞き方が異なる。

　(16)　えっ，8を出さないと，どうなるんですか。
　(17)　あの，どうしていじわるなんですか。

　(16)や(17)のように言われれば，自分が話した内容の中でどの部分がわからなかったのかがすぐにわかり，効率よく説明を補足できる。

　(16)や(17)のような聞き返し方は，疑問文を学習すればすぐできるというわけではない。不明な部分がどこなのかわかるように工夫をして文を組み立てなければならない。かなり難しい作業である。そのため，わからなかった情報が一部であっても，学習者はその作業を避けて「もう一度言ってください」のような使い慣れた文で質問することが多い。しかし，理解できなかった部分がどこなのかわかるような文で質問することに初級から慣れていけば，実際のコミュニケーションで使うことができる。このようなやりとりに慣れさせる方法として，寸劇による練習がある。寸劇のセリフとして練習するうちに文法が身につくのである。以下は初級後半のクラスでよく使う寸劇のスクリプトである。友人に借りた辞書を失くしたことを告白するシーンである。

　(18)　リン：ロンさん，どうしたんですか。
　　　　　［中略］
　　　　ロン：あのうトンさんに借りた辞書を…。
　　　　リン：トンさんに借りた何？
　　　　ロン：辞書。トンさんに借りた辞書を…。
　　　　　［後略］

　この寸劇は，事前に学習者にスクリプトを配ることはせず，配役だけを決めて，セリフは教師がいちいち口移しで教える。次のような手順である。

　(19)　教　師：Aさん，うつむいて座ってください。泣いてくださ

　　　　　　　　　い。そうです。うつむいていますね。
　　　　　　　　　Bさん，「どうしたんですか」と聞いてください。
　　　　　学習者：どうしたんですか。
　この寸劇は前の発話の一部分を細かく繰り返しながら進んでいくので，セリフを覚える負担がかからない。感情も込めやすいので，学習者が楽しんで何度でも演じる。学習者がセリフに詰まったら教師が耳元でささやく。覚えて話す必要がない作業である。そのかわり自然な動きやリズムでやりとりができるようになるまで何度も練習する。相手と呼吸を合わせたり，感情を込めたりといった多くの動作とともに行うので，かなり時間をかけて練習しても飽きることはない。練習をしているうちにセリフが滑らかに言えるようになってくる。
　一度，聞きとれなかったことを聞き返すやり方を寸劇で練習したら，その後の授業でおおいに活用する。教師は，授業で使う日本語を学習者が理解しやすいように過度に単純化したり，ゆっくり話したりしがちである。そのようにせず，できるだけ自然に話すようにすると，学習者が聞き返しを実践する機会となり，それが身についていく。
　寸劇で役を演じることは，学習者の現実のコミュニケーションではないが，現実的な日本語の使い方を授業に持ち込むことができる。寸劇を用いる方法は言語教育の方法の一つとして確立しているが，初級の日本語教育で活用されている例は少ないのではないだろうか。日本語のコミュニケーション力をつけるために，どのような寸劇がどのような目的に有効か明らかにする研究が必要である。また「やり直し」のような，寸劇で練習するとコミュニケーション力の向上にすぐに役立つものに何があるのか，明らかにする研究も必要である。

6．活動中心の学習の段階性に関する研究

　2.から5.までコミュニケーション力をつけるために有効な教育方法について述べてきた。日本語の授業をコミュニケーション中心，すなわち学習者にとって現実的に日本語を使って遂行する必要のある活動を中心に組み立てていくことについて，ほとんどの教師はその有効性を理解し

ている。しかし，この論文の冒頭でも述べたように，そのような活動だけで，日本語の文法を体系的に理解し，文を組み立てる能力をつけることは難しいのではないかと考える教師が多い。

　1970年代に欧州で提唱されたコミュニカティブ・アプローチは，日本語教育にも影響を与え，岡崎敏雄・岡崎眸(1990)等により学習者中心，内容学習，社会性への注目といった新しい観点が示された。しかし，その後の日本語教育のほとんどの現場では，文型積み上げ式を中心にしたまま，例文や会話例をコミュニケーションに役立つ観点から選ぶという方法がとられてきた。「コミュニケーションの重要性はわかるが，段階的に学習するためには，初級では文法を中心にした方がよい」という考え方が主流であったためであろう。その結果，初級で学習する日本語が実際にコミュニケーションのために使われている日本語とかけ離れており，コミュニケーション教育の弊害となっていることは，野田尚史(編)(2005)等が指摘している通りである。

　初級の日本語教育が文型積み上げ式にこだわるのは，それが学習者にとって学びやすい段階的な学習であると信じられているためであろう。モジュール型と呼ばれる場面・話題によるカリキュラムの場合は，学習の順序は自由だが，初級ではコースの中で初級文型を網羅するようにデザインされる。もしくは使われる日本語が初級文型の中に限られる。文法・文型の学習が優先されていることに代わりはない。

　コミュニケーションを目的とした教育では，学習の段階性も文法・文型にとらわれず，コミュニケーションという活動そのものを学習項目として拾い上げ，その段階性を見出していくべきであろう。

　活動中心の日本語教育の段階性を考えるための鍵は学習者にとっての現実性であると考える。衣川隆生(2009：pp. 38-39)は，自身の教室活動への取り組みの変遷を紹介する中で，次のように述べている。

　　(20)　教室活動を準備のための擬似的なコミュニケーションの場にせず，真正性のあるコミュニケーションの実践の場にする。そのためには「教室の物理的・文脈的な枠を取り払うこと」が必要である。それは，教室に現実世界を持ち込むこと，あ

るいは現実世界を教室とすることで可能になるのではないか
と考えた。
　また，小林ミナ(2009：p.115)は，自らの初級会話クラスの内容を学習者から好意的に受けとめられた理由として，コミュニカティブ・アプローチが教室で現実的な場面を想定して活動することと比較して，次のように述べている。
　　(21)　「自ら体験した状況を持ち寄る」という方法で，教室活動を学習者の言語生活に沿わせた点があると思われる。
　どちらも教室活動では，現実のコミュニケーションを模倣するのではなく，学習者にとっての現実性を教室でも保持することの重要性を主張している。
　このように，学習内容の現実性が注目されつつあることは明らかであるが，これを広く日本語教育で取り入れていくには，現実性を保持した学習活動を段階的に，すなわち学びやすく実施するための枠組みが必要である。そのような枠組みがないと，教育現場で活動に着目しても，段階性を考慮したとたんに文法・文型中心に戻ってしまう恐れがある。
　欧州では，2001年に言語学習の共通の枠組みとしてCommon European Framework for Reference(CEFR，欧州共通参照枠)がまとめられた。この枠組みは，学習者にとって現実的な活動を中心にして段階的なコースデザインをするために役立つ観点を与えてくれる。
　CEFRは，学習者を「社会的に活動する存在」ととらえ，社会参加という観点から言語を使う能力の段階を示している。A(基礎)，B(自立)，C(熟達)の3段階に分け，それぞれをさらに2段階に分け，全部で6段階を設けている。この段階は，従来の日本語教育の文型や語彙数を基準にした初級，中級，上級という段階とは異なっている。2004年に出版されたCEFRの日本語版から，記述の一部を紹介する。(22)はA1，(23)はB1の「全体的な尺度」の記述の一部である。
　　(22)　自分や他人を紹介することができ，どこ住んでいるか，誰と知り合いか，持ち物などの個人的な情報について，質問したり，答えたりできる。(『外国語学習Ⅱ――外国語の学習，教

授，評価のためのヨーロッパ共通参照枠——』p. 25)
(23) その言葉が話されている地域を旅行しているときに起こりそうな，たいていの事態に対応することができる。(『外国語学習Ⅱ——外国語の学習，教授，評価のためのヨーロッパ共通参照枠——』p. 25)

　この記述からもわかるように，CEFRは，学習者がよく知っていることからそうでないことへ，遭遇する頻度が高いものから低いものへとすることを段階付けの基準の一つとしている。学習者自身の現実と話題との関係が重要な基準になっているのである。
　CEFR等の影響を受け，最近は日本語教育でも学習の課題を「～ができる」という形式で能力を記述するCan-do statementsが注目されている。国際交流基金は，CEFRを参考にJF日本語教育スタンダードを開発した。JF日本語教育スタンダードでは，Can-do statementsを活動と能力の観点から学習の段階性を考慮して精緻化し，その学習者，その教育現場ならではのMY Can-doを作成することを提案している。そして，国際交流基金(2010)では，その書き方を(24)のように明確に示している。
(24) 条件，話題・場面，対象，行動という活動Can-doの4つの要素を確認することによって，目標が明確になり，話題や場面などが現場や学習者の状況に合い，学習者に合ったレベルを示した「Can-do」を作ることができます。

　JF日本語教育スタンダードは，実用化が始まったばかりであるが，学習者にとって現実的な活動という観点から学習段階を考慮したコースデザインができる枠組みが提案されたことは，非常に意義がある。今後，さまざまな現場での実践研究により，活動中心の段階的な教育方法とその成果が提示されていくことが期待される。

7. 活動中心の習得過程を可視化する研究

　コミュニケーションのための日本語教育の方法を確立するためには，現実的なコミュニケーションを重ねることによる言語習得のありようを

可視化していくことも重要である。
　図は，筆者らが地域の日本語教室のために作成した「対話活動」の話題マップである。

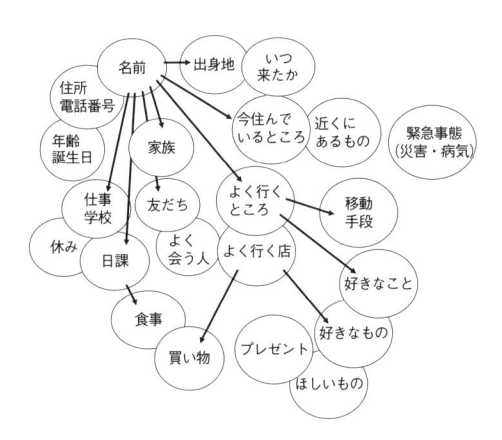

図　入門期の学習者を対象とした「対話活動」の話題マップ

「対話活動」とは，米勢治子(2010：p.63)が(25)のように説明する活動を指す。
　　(25)　外国人と日本人が対等な関係で真のコミュニケーション活動を行うことが有効で，それによって双方の日本語コミュニケーション能力が向上していくのである。
米勢は，地域在住の外国人は，日本語教室での(25)のような活動と地域での実際の生活経験を通して日本語によるコミュニケーション力を高めていくことができると述べている。筆者が試みた入門期の学習者を対象とした「対話活動」では，図の楕円で示した話題マップのように「名前」から話題を広げていった。
　筆者は，まだ日本語がほとんど話せない英語話者とこの活動を行った。最初の課題はお互いの名前を伝え合うことである。この活動を，文型積み上げ式の活動と比較する。この論文の2.の項でも，現実的な自己紹介と教科書の自己紹介を比較したが，ここでは学習者が何を学ぶのか

という観点から再び比較する。

　文型積み上げ式の入門期の学習目標は次のようなことである。
　　(26)　発音と表記を体系的に学習する
　　(27)　最も単純な文法・文型として「［名詞］は［名詞］です」の使い方を学習する
　授業では，(27)を目的とした例文が示され，学習者はその範囲内で自分の名前を言ったり，他の人の名前を聞いたりする練習をする。学習の成果は，(26)と(27)が「自分の名前を伝える」という課題のために使えるかどうかで評価される。さらに，それをほかの話題にも応用できることが期待される。
　一方，対話活動では，学習者と支援者は互いに知り合いになるために名前を知ろうとする。互いの名前を正確に知るために音声や表記に注目し，例えば(28)のようなやりとりをする。
　　(28)　支援者：ええと，呼び方はスティーブさんでいいですか。
　　　　　学習者：ヨビカタ，スティブ。
　　　　　支援者：名前です。なまえ，なまえ。
　　　　　学習者：ナマエ，Oh, Yes，スティブ。
　　　　　支援者：スティブ？　スティーブさんですよね。カタカナでは，こうですけど。
　このようなやりとりで，学習者が学習することは，例えば(29)と(30)のようなことだと考えられる。
　　(29)　英語のSteveは日本語ではスティーブと発音されるようだ。
　　(30)　カタカナでは「スティーブ」と書くのが普通のようだ。
　注意深い学習者なら，(31)や(32)のようなことにも気がつくだろう。
　　(31)　日本語の発音は母音が多い。英語の単語も日本式になると余計な母音がつくようだ。
　　(32)　日本語の音韻体系では，母音と子音が一つずつの組み合わせが多いようだ。
　これら(29)(30)と(31)(32)の学習は性質が違う。(29)(30)は経験から観察したことであり，(31)(32)は観察したことが体系的な知識となる可

能性のある分析である。どちらにも「ようだ」を使ったのは，どれも学習者にとっては仮説であり，これからさらなる実践を経て確信していく情報だからである。

　このようなプロセスを経て，学習者は発音の仕方や文の組み立て方を学んでいくことができる。活動中心に学ぶとは，このようにそれぞれの理解や分析に濃淡がありながらも，いろいろな観点から実践を通して学んだことを体系化していくことではないだろうか。このような学習は教室外でもできる。新しく得た情報を分析したり総合したりすることは，人間に備わった基本的な学習能力である。日本語の学習もこの二つの能力を自由に発揮して行われることが望ましい。

　筆者はこのようなプロセスを数多く見たが，残念ながらそれを記録して研究データとしたことはない。このような学習方法を記録して，できる活動が増えていくプロセスを可視化する研究が今後必要である。そのような研究が進むことにより，現実的なコミュニケーションを重ねて日本語を学習していくために，どのような教材や練習方法が有効なのか明らかになるのではないだろうか。

8．まとめ

　この論文では，コミュニケーションのための日本語教育の方法として，有効な方法を提案した。現状では，これらの方法は，文型積み上げ式の教育方法と対立して退けられるか，あるいは補助的な役割に置かれている。そのためにその具体的な方法や有効性が見えにくくなっているように思える。

　そこで，この論文では，そのような方法を普及していくために，6.で，授業で扱う内容が学習者にとっての現実であることの重要性に注目し，(33)の研究が必要であることを述べた。

　　(33)　活動中心の学習の段階性を，例えば「自分がよく知っていることからそうでないことへ」のような学習者にとって現実的な観点から検討し，その有効性を実証していく研究

　また，7.で対話活動の話題マップと同活動による初心者の学習を例に

上げ，(34)のような研究が必要であることを述べた。

(34) 「名前をカタカナでどう書けばよいか検討すること」のような学習者にとって実用的な活動から，どのように日本語が習得されていくのか，そのプロセスを可視化する研究

今後，コミュニケーションのための日本語教育の方法が明確になり，広く実践されるよう，これらの研究が多くの現場の教師を巻き込んで進められることを期待する。

調査資料

『外国語学習Ⅱ──外国語の学習，教授，評価のためのヨーロッパ共通参照枠──』，欧州評議会，吉島茂・大島理枝（訳，編），朝日出版社，2004.

Japanese for Busy People I, 3rd Revised Edition, 国際日本語普及協会，講談社インターナショナル，2006.

引用文献

岡崎敏雄・岡崎眸(1990)『日本語教育におけるコミュニカティブ・アプローチ』凡人社.

衣川隆生(2009)「教室の能力観・学習観・教育観」，小林ミナ・衣川隆夫(編)『日本語教育の過去・現在・未来 第3巻 教室』pp. 22-45, 凡人社.

国際交流基金(2010)『JF日本語教育スタンダード2010 利用者ガイドブック』p. 17, 国際交流基金(http://jfstandard.jp/pdf/jfs2010ug_all.pdf).

小林ミナ(2009)「教室活動とリアリティ」，小林ミナ・衣川隆生(編)『日本語教育の過去・現在・未来 第3巻 教室』pp. 94-118, 凡人社.

野田尚史(編)(2005)『コミュニケーションのための日本語教育文法』くろしお出版.

米勢治子(2010)「地域日本語教育における人材育成」『日本語教育』144, pp. 61-72, 日本語教育学会.

日本語のコミュニケーション教育を阻む要因

徳井厚子

1. この論文の主張

　これまで日本語教育においては，コミュニケーション重視としながらも，実際は文型重視に束縛されたり，教室内の構造的なコミュニケーションに束縛される場合が多く，日本語のコミュニケーションを阻む要因となっている。この論文では，次のことを主張する。

　（1）　これまで教師を束縛してきたコミュニケーション観がいくつかあるが，これらが日本語のコミュニケーション教育を阻む要因となっている。

　この論文では，日本語教科書にみられる事例をもとに，教師を束縛している日本語のコミュニケーション教育を阻む要因をあげ，日本語のコミュニケーション教育のために今後どのようなコミュニケーション研究が必要かについてのべる。

　日本語のコミュニケーション教育を阻む要因として，（2）から（8）があげられる。（2）から（8）まではそれぞれ2.から8.でのべる。

　（2）　文型を教える手順にこだわる導入手順重視の束縛が日本語のコミュニケーション教育を阻んでいる。

　（3）　「働きかけ－応答－評価」という構造化した教室内のコミュニケーションへの束縛も日本語のコミュニケーション教育を阻んでいる。

　（4）　教師の一方向的なコミュニケーション観も日本語のコミュニ

ケーション教育を阻んでいる。
(5) 教師のもっている予測可能で理想的，完結型，成功型のコミュニケーション観も日本語のコミュニケーション教育を阻んでいる。
(6) コミュニケーションを動態的で相互作用性のあるものとしてとらえず，固定した役割のやりとりとしてとらえていることも日本語のコミュニケーション教育を阻んでいる。
(7) コミュニケーションを1対1のレベルでのみとらえ，集団のダイナミクスの視点が欠けていることも日本語のコミュニケーション教育を阻んでいる。
(8) コミュニケーションを「質問−応答」の連鎖としてとらえ，関係構築という視点が欠けていることも日本語のコミュニケーション教育を阻んでいる。

本論文では，主に日本語教科書の例をもとに，これらの日本語のコミュニケーション教育を阻む要因をあげ，これらの要因をとりのぞくためにどのような研究が必要かについてのべる。

2. 導入手順重視の束縛

日本語のコミュニケーション教育を阻む要因として，まず，教師自身が文型を教える手順にこだわる導入手順重視の束縛があげられる。次の教科書の会話例をみてみよう。
(9) 先生：これは誰のテープですか。
　　吉田：それは私のテープです。
　　先生：これも吉田さんのですか。
　　吉田：いいえ、それは私のじゃありません。

(『新文化初級日本語1』p.25)

この会話は，「指示語を導入する」という導入手順が先行し指示語を入れすぎてしまったために，不自然な会話となっている。これは，「文型は順序よく導入し，導入していない文型は使わない」という教師自身の束縛によるものといえる。実際には「これは誰のテープですか」「私

のです」というようなやりとりがなされているのではないだろうか。

　また，まだ習っていない文型を入れずに不自然な会話を教科書に用いることも文型の導入手順重視の束縛のためといえる。新屋映子・姫野伴子・守屋三千代(1999：p.21)は，日本語教科書の落とし穴として，例えば導入時期の遅い「んです」のような文型については，教科書で導入されるまでは，「どうして食べませんか」のような「んです」を入れない不自然な会話が使われていることを指摘している。

　日本語教育の現場では，文型の導入手順を重視するあまり，このように現実のコミュニケーションとはかけ離れたやりとりがなされている場合が多いのではないかといえる。問題は，教師がそれに無意識に適応してしまい，何の疑問や問題意識も感じなくなってしまうことにある。

　今後の日本語のコミュニケーション教育のための研究には，教師が導入手順に束縛されていないか，教科書などの実態調査研究が必要である。例えば，教科書の会話例が導入手順に束縛されていないかを調査する教科書分析，実際の自然会話と教科書の会話例とのギャップの比較研究があげられる。

　これらの研究は，教科書にあげられた例文そのものを否定するための研究ではなく，日本語教育の現場に建設的にいかされなければならない。つまり，日本語のコミュニケーション教育のための研究は，あくまでも研究のための研究ではなく，日本語教育の現場と相互の往還を通して進めていかなければならないと考える。

3. 教室内の構造化したコミュニケーションの束縛

　日本語のコミュニケーション教育を阻む要因として，次に，教師自身の教室内の構造化したコミュニケーションへの束縛があげられる。

　Mehan(1979：pp.35-49)は，教室におけるレッスンの談話には，「働きかけ－応答－評価」という独特の発話連鎖パターンが存在しているとしている。

　藤江康彦(2006：p.51)は，教室内での会話の特徴を意味づける例として，次の会話で空欄のところでAがどのように応答するかについて，

日常的な会話の場合と教室内での会話としてとらえ直した場合では異なることをあげている。

(10)　A：「今、何時ですか」
　　　B：「3時です」
　　　A：「　　　　　　　」

藤江によれば、日常会話においては、時間を教えてくれて、「ありがとう」と謝意を示すことばが続くが、教師の場合は「いいですね」や「違います」という発話が続くだろうとしている。

日本語教育の現場においても、教室内でのコミュニケーションは、無意識のうちにMehanの指摘するような「働きかけ－応答－評価」というコミュニケーションに縛られがちである。日本語の教科書の会話例においても、教室内の構造化したコミュニケーションがそのまま会話例にあらわれている場合がみられる。(10)は、教師が教室内の構造化したコミュニケーションに束縛されてしまい、教科書の日常会話の場面でも無意識に構造化したコミュニケーションをとりいれてしまった例なのではないかといえる。次の教科書の会話例をみてみよう。

(11)　(チャチャイさんと川上さんはいっしょに散歩をします)
　　　チャチャイ：川上さんは会社員ですか。
　　　川上　　　：ええ、貿易会社の秘書です。
　　　チャチャイ：そうですか。社長秘書ですか。
　　　川上　　　：いいえ、常務秘書です。
　　　チャチャイ：常務はどんな人ですか。
　　　川上　　　：とてもすてきな人です。でも「仕事のおに」です。

(『日本語でビジネス会話　初級編：生活とビジネス』p. 45)

この場面は、散歩をしながらの会話として設定されているが、この会話では、チャチャイさんは常に働きかけをする人で、川上さんは常に答える人である。教室場面の「働きかけ－応答」の構造をそのままおきかえて再現したという印象を受ける。つまり、「働きかけ－応答」の連鎖のみでなりたち、教室内での構造的なコミュニケーションとなんらかわりがない。また、「働きかけ－応答」の連鎖のために話題に発展性、継

続性がなく，不自然な印象を受ける。実際の発話は，川上さんが質問する場合もあるだろう。また，話題を継続したり，別の話題に発展させる場合も考えられる。

　教室内での「教師の働きかけ－学習者の応答」という構造に束縛されてしまったため，教科書で散歩しながら会話をするという場面を設定しても，構造的なコミュニケーションを導入してしまったのだろう。

　教科書の会話例だけではなく，実際の教室場面でも無意識に教師の発話に構造化したコミュニケーションが入りがちではないかといえる。特に，「よくできましたね」「いいですね」のような評価の発話を教師が無意識にしているケースはよくみられる。

　今後の日本語のコミュニケーション教育のための研究課題として，まず，教室内の構造化したコミュニケーションも含め，教室内特有のコミュニケーションの特徴についての実態研究があげられる。

　稲垣恭子(1989)は，中学校での学級観察および教師と生徒へのインタビューから，「生徒コード」(生徒同士の暗黙の掟)を鍵として教師と生徒の日常的な解釈行為を具体的に分析し，教室内の秩序が内側から構成されていくプロセスを明らかにしている。今後は，他の側面も含めた多様な実態をさらにみていく研究が必要であろう。

　當眞千賀子(1997：p. 169)は，小学校の論説文に関する授業過程のディスコースを分析し，「特定の教科内容の学習が特定の談話形式の習得と切り離せない形で進行する様子がみえてくる」ことを明らかにしている。當眞は，「私たちは，授業への参加を通して論説文の抽象化された知識だけを獲得するのではなく，論説文について語る際の談話の形態や，そのような形態を他の形態よりも「優れた，好ましい」ものとみなす態度や価値観も同時に獲得することになるといえるのではないか」と指摘している。當眞の指摘にあるような特定の談話形態を「好ましい」とみなす態度や価値観がどう形成されるかについての研究も今後必要であろう。

　今後の日本語教育のためのコミュニケーション研究の課題として，教師自身が構造化したコミュニケーションの影響をどう受けているのか教

師自身の内省による研究も課題としてあげられる。
　例えば，以下は教師（T）が学生（S）に行なった外国籍児童生徒への支援後に行なった活動のふりかえりのインタビューである。
　　（12）　　T：何を勉強したのかな。
　　　　　　　S：国語だったかもしれないんですけど。［省略］教科から入るよりもやっぱり日本語教室じゃないですけど，そういうところのサポートを　教科のその学習のサポートより必要だったのかなって
　　　　　　　T：うん　でもそれに気がついてよかったと思う。

(徳井厚子（2011：p. 114））

　ここでは，インタビュアーである教師がインタビュイーである学生との相互行為を通して，教師自身が「よかったと思う」と評価の発話を無意識にしてしまう場面が提示され，インタビュアーとインタビュイーとの関係が，評価する者と評価される者の関係になっているということを示している。
　教師自身の発話が構造化したコミュニケーションに影響を受けているのかといった教師による内省的な研究は，単に影響を受けていたことを明らかにするだけではなく，内省のプロセスそのものが教師としての自己への気づきと成長にもつながるといえる。
　教師のコミュニケーションの内省の材料は，インタビューディスコースに限らず，教室内でのやりとりや教師同士の会話など，ほかにも豊富にある。こうした内省的な研究を進める場合，ともすれば教室内の構造化したコミュニケーションの教師への束縛を否定的な側面からのみとらえてしまう可能性がある。しかし，肯定的な側面の可能性も含め，多角的な観点からとらえ，自己のコミュニケーションを相対化しながら内省していく視点が必要だろう。

4.　一方向的なコミュニケーション観という束縛

　話し手から聞き手への一方向のコミュニケーションという教師のコミュニケーション観の束縛も日本語のコミュニケーション教育を阻む要

因となっている。

　日本語の教科書には，話し手から聞き手への一方向的なコミュニケーションがなされている会話が多い。次の会話例をみてみよう。

　　(13)　(成田空港で)
　　　　伊藤記者：あのう、すみません。
　　　　女の人：はい。
　　　　伊藤記者：どこへいらっしゃいましたか。
　　　　女の人：ハワイへ行きました。
　　　　伊藤記者：何日間ですか。
　　　　女の人：1週間です。
　　　　伊藤記者：旅行はどうでしたか。楽しかったですか。
　　　　女の人：ええ、楽しかったですが、少し疲れました。
　　　　伊藤記者：天気はどうでしたか。
　　　　女の人：毎日とてもいい天気でした。昼はちょっと暑かったですが、朝と夜はあまり暑くありませんでした。
　　　　　　　　　　　　　　　　　　　(『新文化初級日本語1』p. 58)

　この会話が不自然に感じられるのは，あいづち等のフィードバックがなく，会話がすべて記者の質問から女の人の応答という一方向的な流れになっているためである。しかし，実際のコミュニケーションはこのような一方向的なものではなく，双方向的であり，よりダイナミックである。上記のような会話が教科書にとりあげられる一因は，一方向的なものとしてとらえているコミュニケーション観に教師が束縛されているためといえる。

　今後の日本語のコミュニケーション教育のための研究には，まず，コミュニケーションそのものを一方向的な伝達ととらえるのではなく，双方向的で動的なものとしてとらえていく視点が必要である。

　双方向的にコミュニケーションをとらえる研究としては，まず，あいづちの研究があげられる。例えば，メイナード(1992：p. 157)は，日本人の会話のあいづちは米国人の2倍みられたとしている。今後は，あいづちの部分のみとりあげ，その機能や頻度をみていく研究だけではな

く，あいづちそのものがコミュニケーションの中でどのような役割を果たしているのかトータルな視点からの研究が必要だろう。

　また，共同発話の研究もあげられる。共同発話とは，ザトラウスキー(2003：p.50)によれば，「二人以上の話者が作り上げる統語上の単位（句，節，文，複文）からなるもので，後の話者が先の話者に付け足したり，その発話を完結させたり，先取りしたり，自分の発話に取り込んでいったり，言い換えたりする発話」とされている。ザトラウスキー(2003：p.50)は共同発話として以下の例をあげている。

　　(14)　A　行ってもいいん // んだけども，
　　　　　B　　　　　　　　また行くのはめんどくさい？

このように共同で会話をつくりあげていくケースは，日常会話では頻繁にみられる。しかし，その機能や特徴については，まだ十分に明らかにされていない。今後，双方向的コミュニケーションの視点から共同発話の機能のコミュニケーションにどう影響するのかについて研究を行なっていくことも必要であろう。

5.　予測可能で理想的なコミュニケーション観という束縛

　教師のもっている予測可能で理想的，完結型，成功型のコミュニケーション観も日本語のコミュニケーション教育を阻む要因となっている。

　日本語の教科書をみると，あらかじめ予測可能で，理想的な成功型コミュニケーションがなされている場合が多い。これは，教師自身がコミュニケーション自体を，予測可能で理想的，完結型，成功型としてとらえているためではないかと考えられる。次の会話例をみてみよう。

　　(15)　佐藤：すみません。三越デパートはどこにありますか。
　　　　　女の人：三越デパートは・・・ええと・・・ここです。
　　　　　佐藤：ああ，東口ですね。
　　　　　　　　どうもありがとうございます。
　　　　　女の人：いいえ，どういたしまして。

　　　　　　　　　　　　　　　　　　　　　　(『新文化初級日本語1』p.39)

これは，予想通り相手が道を教えてくれた完結した成功型コミュニ

ケーションである。しかし，実際にはたずねられて場所がわからない場合や，あいまいな記憶しかなく自信をもって答えられない場合もあるだろう。次の会話例のように予測通りに展開しない場合もあるだろう。

(16) 佐々木：JRの東口にいきたいんですが。
　　　木下　：あ，それなら，あそこにみえるポストのすぐわきのところを入っていくと，近道で早くいけますよ。
　　　鈴木　：いや，あそこの近道はわかりにくいですよ。この道をまっすぐいったほうが確実だと思いますよ。
　　　佐々木：あ，そうですか。じゃあこのまままっすぐいきます。ありがとうございました。

　この例で，木下さんの発話は，一見失敗しているようにみえる。また，木下さん自身にとってもこの会話は予測通り進行しているとはいえないかもしれない。しかし，木下さんの発話をふまえ，鈴木さんが意味づけをし直しているという意味で，そのやりとりそのもののプロセスでは木下さんの発話は重要な役割を果たしているといえる。

　実際の会話は，予測不可能で不明瞭で失敗もあれば，成功せず課題が達成されない場合も多いのではないだろうか。しかし，予測不可能で不完全だからこそ，その混とんとした中から新たな意味づけを何度もし直す可能性がある。

　しかし，これまで日本語教育におけるコミュニケーション研究では，予測不可能事象はほとんどあつかわれてこなかった。また，主に成功したケースに焦点がおかれ，課題が達成できなかったり失敗したケースもほとんどあつかわれてこなかった。日本語教育の現場では，成功＝成果という図式が固定しがちであったのも理由の一つとしてあげられる。また，日本語教育の現場では，タスクに焦点をあてた課題達成型のコミュニケーションが推奨されることが多いのも理由の一つとしてあげられる。確かにこの方法は，課題達成という結果が目にみえやすく，学習者に達成感を与えやすい成功型コミュニケーションといえる。もちろん課題達成型コミュニケーションが必要な場合もあるが，この方法には，ともすれば課題を達成することのみを目的にしがちであるという落とし穴

があることも見逃してはならないだろう。課題未達成や失敗も含め，やりとりそのもののプロセスが重要なのではないかと考える。

　今後の日本語におけるコミュニケーション教育のための研究の課題として，混とんとした予測不可能事象や，失敗や課題未達成も含めたコミュニケーションのプロセスにも焦点をあてていく必要がある。その中でどのような実際のやりとりが行なわれ，どのように意味がつむがれ，つむぎ直されていったのかという現象を丁寧にみていく研究が必要ではないかと考える。

　予測不可能事象の研究は，国語教育では小学校の国語の授業を分析した藤森裕治（2009）の研究等があるが，日本語教育ではほとんどみられない。日本語教育においても，今後は，コミュニケーションに失敗した場面も含め，混とんとした予測不可能な中でどのようなコミュニケーションが行なわれたのか丁寧にみていく研究が必要であると考える。

6. 動態性や相互作用性の欠如したコミュニケーション観という束縛

　教師が固定した役割のやりとりというコミュニケーション観に束縛され，動態的で相互作用性のあるものとしてとらえていないことも日本語のコミュニケーション教育を阻んでいる。

　現在の日本語の教科書をみると，動態的にコミュニケーションをとらえ，社会的文脈の中で他者のやりとりを重視したものが少ない。教科書をみると役割が固定化している場合が多く，「働きかけ−受け答え」という単調なくり返しが多い。例えば，『新文化初級日本語1』であつかわれている場面は，「医者と患者」「記者とインタビューを受ける人」「不動産を探している人と不動産屋」「道をたずねている人と警察官」のように「質問者と応答者」という役割が固定した場面が多く選ばれている。次の会話をみてみよう。

　　(17)　西條敬子：中野と東中野とどちらのほうが近いですか。
　　　　　不動産屋：東中野のほうがちょっと近いです。でも、どちらもだいたい同じくらいですよ。
　　　　　敬子　　：中野の駅前と東中野の駅前とどちらのほうがにぎ

やかですか。
　不動産屋：中野のほうがずっとにぎやかです。
　　　　　　　　　　　　　　　（『新文化初級日本語1』p. 124）
　この会話では，「敬子は質問する役割」「不動産屋は応答する役割」と役割が固定化された「働きかけ−応答」の連鎖でなりたっており，静的で単調な発話のくり返しになっている。
　このように役割の固定した二人が質問と応答のやりとりをしている場面は，日本語の教科書に多くみられる。固定化した役割モデルに教師自身が束縛されているためともいえるだろう。
　しかし，実際の会話は，役割が固定化されている者同士の会話ばかりではない。実際の会話は相互作用の中で新たな意味づけがおこり，自由な関係の組みかえが行なわれる，よりダイナミックなものであるといえよう。
　今後は，固定化された役割モデルの束縛から解放され，社会的文脈の中で，より動態的にコミュニケーションをとらえ，相互作用そのものを重視していく視点が必要である。
　今後の日本語のコミュニケーション教育のための研究では，コミュニケーションを動態的にとらえ，さまざまな社会的文脈の中でどのようにコミュニケーションが行なわれているのか，相互作用そのものに焦点をあてた研究の積み重ねが必要であろう。
　菊岡由夏・神吉宇一（2010）は，外国人を含む就労現場という社会的文脈の中で，どのように言語活動が行なわれているかについてフィールドワークとインタビューからそのプロセスについて丁寧に分析している。例えば，工場の作業現場での会話例として以下をあげている。
　　（18）　01板垣　　：674ここにあった，ここにあった。
　　　　　02マルシア：674やってないね。
　　　　　03板垣　　：**今のバーコード**。674，675やってないか？
　　　　　04マルシア：674って何？　ＫＨＹ？　ＫＧＹ？
　　　　　05板垣　　：ＫＧＪじゃなくて。
　　　　　　　　　　　　　　（菊岡由夏・神吉宇一（2011：p. 135））

菊岡らは，このやりとりを例にあげ，言語活動の参加者たちが共有する社会的文脈における知識や経験がその場でくり返し用いられる数字や記号（この場合は674やＫＨＹ）と結びつき，その社会的文脈の中での一定の安定した知識や経験を指し示す特殊な用語となったとしている。
　コミュニケーション研究は，ともすれば理論が先行し，現場を丁寧にみることを見おとしがちであるが，菊岡らの研究のように現場を丁寧にみていく姿勢は重要であると考える。

7．集団コミュニケーションの視点の欠如

　コミュニケーションを１対１のレベルのみでとらえ，集団コミュニケーションの視点が欠如していることも日本語のコミュニケーション教育を阻む要因となっている。
　これまで日本語教科書には，集団コミュニケーションがあまりみられず，ほとんどが１対１の会話となっている。例えば，『日本語初級２大地』では，あつかわれている20課中19課が１対１の会話である。日本語の教科書では，以下のように集団コミュニケーションの場面が設定されていても，実際の会話は１対１のコミュニケーションの連続で，集団の動態性を欠いている場合がみられる。

　　　(19)　伊藤記者：では、みなさんの学校生活はいかがですか。
　　　　　　アルン　：初めは大変でしたが、今はもう慣れましたから、楽しいです。
　　　　　　リン　　：私も日本人の友達ができましたから、楽しくなりました。
　　　　　　伊藤記者：授業は全部わかりますか。
　　　　　　リン　　：わかりやすい講義とわかりにくい講義があると思います。　　　　（『新文化初級日本語１』p. 116）

　この場面には三名の登場人物が出てくるが，「質問－応答」という二者のやりとりが基本となる対人コミュニケーションの単調な連続になっており，三者間の集団のダイナミズムがみられない。この場面がインタビューという場面であることも一つの理由だろう。しかし，実際の場面

では，集団のダイナミクスがみられるコミュニケーションは多い。
　日本語教科書の会話に集団レベルのコミュニケーションがあまりあつかわれてこなかった理由の一つとしては，教師自身が「質問－応答」の二者間のコミュニケーションに束縛されていることがあげられる。もう一つの理由としては，これまで日本語のコミュニケーションにおいて集団コミュニケーションの研究があまりなされていなかったことがあげられる。そのため，たとえ教科書などで集団コミュニケーションの場面を設定しても，二者間のコミュニケーションの連鎖ととらえてしまい，集団そのものの動態性という視点からとらえられないのである。
　では，集団レベルと対人レベルのコミュニケーションはどのように異なるだろうか。徳井厚子・桝本智子(2006：p. 114)は，集団レベルと対人レベルのコミュニケーションの違いについて次の点をあげている。
　　(20)　1）3名以上の集団コミュニケーションでは必ず観察者がいる。
　　　　　2）他者がいることで自分の表現のしかたを微妙に調整しようとする心理が働く。
　　　　　3）調整を行なうことでグループの雰囲気が個人のものとは異なってくる。
　　　　　4）グループでの個人の役割は所属するグループによって異なる。
　このように，集団レベルと対人レベルとでは，コミュニケーションの性質が異なるということに自覚的になる必要がある。
　今後の日本語のコミュニケーション教育のための研究課題として，集団コミュニケーションの研究を進めていくことがあげられる。これまで日本語の集団コミュニケーションではいくつか研究がなされているが，多いとはいえない。
　例えば，Watanabe(1993)は，日米小集団討論場面を分析し，日本人の討論場面の特徴として討論の始めと終わりに話す順番等の手続きに関する発話が観察されたことをのべている。
　また，初鹿野阿れ・岩田夏穂(2008)は，3名の会話の中で「選ばれて

いない話者」が発話する場面に注目して分析を行ない、話者がそこにいる参加者への「ほめ」や「からかい」となる発話をもう一人の参加者に宛てて語ることは、次の順番において一人がやりとりの外におかれることを回避する手段として使われうることを明らかにした。

　これらの研究は発見的で興味深いが、集団コミュニケーションを静態的にとらえた研究にとどまっている。今後の集団コミュニケーション研究の課題として、集団を動態的にとらえ、集団内での相互作用を通してどのように役割や関係が変化したのかといった可変性やダイナミズムに注目した研究が必要であろう。

8. 関係構築の視点の欠如

　最後に、日本語のコミュニケーション教育を阻む要因として、関係構築の視点が欠けていることがあげられる。

　コミュニケーションは、行なっている人びとの間で関係を構築していくプロセスそのものである。しかし、日本語の教科書に導入される会話例には、関係構築の視点が欠けている場合がみられる。次の例をみてみよう。

（21）　吉田：日曜日に何をしますか。
　　　　佐藤：うちで本を読みます。
　　　　吉田：どんな本を読みますか。
　　　　佐藤：経済の本です。吉田さんはよく本を読みますか。
　　　　吉田：いいえ、私はあまり読みません。
　　　　佐藤：じゃあ、日曜日に何をしますか。
　　　　吉田：テニスです。佐藤さんもテニスをしますか。
　　　　佐藤：いいえ、ぜんぜんしません。
　　　　　　　私はスポーツはあまり好きじゃありません。
　　　　吉田：あのう・・・佐藤さんはどんな音楽が好きですか。
　　　　佐藤：クラシック音楽が好きです。吉田さんも好きですか。
　　　　吉田：いいえ、好きじゃありません。私はロックが好きです。
　　　　　　　　　　　　　　　　　　（『新文化初級日本語1』p.54）

この会話は，「質問－応答」の連鎖が続いているのみで，二者の関係構築の視点がみられない。このように会話の場面が用いられても，話者間の関係構築の視点が入っていないのは，コミュニケーションは「質問－応答」の連続であり，情報の伝達であるという考えに束縛されているためであると考えられる。

しかし，実際の会話では，会話を進めるにつれて共通の趣味がみつかり，親密度が高まったり，ある一つの話題がきっかけで自己開示が大きくなったりするという二者間の関係構築が行なわれる場合も多いだろう。実際には，次のように会話が進むにつれ，関係が変化していく場合が多いのではないだろうか。

(22) 鈴木：はじめまして。鈴木です。
　　　加藤：はじめまして。加藤です。
　　　鈴木：何を専攻していらっしゃいますか。
　　　加藤：音楽です。とくに声楽をやっておりますが。
　　　鈴木：そうですか。私も実は音楽大好きなんです。コンサートなんかよくいきますよ。加藤さんも。
　　　加藤：もちろんですよ。来月はじめにくるチェコフィルハーモニー管弦楽団のコンサートのチケット一枚余っていますが，どうですか。
　　　鈴木：え，私に。いいんですか。

鈴木さんと加藤さんは初対面で最初の挨拶では形式的な関係だったのが，「音楽」という共通の話題をきっかけに，やりとりを通じて双方の自己開示が大きくなり，親密な関係へと変化している。コミュニケーションを通してこの二人の関係が徐々にかわってきているといえる。コミュニケーションと人びとの関係のあり方は深く関連しているといえるだろう。

今後の日本語のコミュニケーション教育のための研究では，関係構築に関する研究を進めていく必要がある。そのためには，まず，話者間の関係がコミュニケーションを通じてどう変化，発達していくのかということに自覚的になる必要がある。また，やりとりそのものが相手との関

係にも変化を与えているということにも自覚的になる必要がある。

　今後の日本語のコミュニケーション研究の課題としては，目の前で行なわれている現実のコミュニケーションのプロセスの過程で，どのように参加者同士の関係が構築され，親しさが増していくのか，話題が展開していくのか，あるいは自己開示が大きくなっていくのかといったテーマがあげられる。また，教室や実践の場で，コミュニケーションを通してどのように参加者間の関係が構築されたか，あるいは関係の組みかえが起きたかという視点からのコミュニケーション研究も今後必要だろう。

　関係構築とコミュニケーションに関する研究テーマの一つに，自己開示があげられる。自己開示とは，西田司・西田ひろ子・津田幸男・水田園子 (1989：p. 27) によれば，「自分のことを人に打ち明けること」とされている。自己開示は，対人関係の形成に大きな役割を果たしている。相互の自己開示の深さは，対人関係の親密化や進展に影響を及ぼしている。また，どのような話題を選択するかについても自己開示と深い関わりがある。筆者が中国で生活をしていた時，ある中国人からパーティーの席で「給料いくらもらっているの」と聞かれ，違和感を覚えたことがあった。これは，「給料」という話題について自己開示の大きさの違いがあらわれている。

　自己開示には，話題だけではなく状況も関連している。酒席の場の自己開示について研究したものとしては，中川典子 (2003) があげられる。中川は，韓国と日本のビジネスマンを対象に質問紙調査を行ない，「酒席の場」でも「酒席以外の場」でも韓国人ビジネスマンのほうが日本人ビジネスマンよりも自己開示が高いことを示唆した。また両国とも「酒席の場」のほうが「酒席以外の場」よりも自己開示が高いことを見いだした。

　これまで自己開示の大きさが人によって異なるのは，一人ひとりの特性が原因であると考えられることが多かった。しかし，今後の自己開示の研究では，中川の研究のように状況要因を考慮する必要がある。このように状況要因を考慮する視点は，自己開示だけではなく，それ以外の

関係構築の研究にとっても重要である。

今後は，具体的な会話の相互行為の中でどのように自己開示が行なわれたのかという研究も必要だろう。また，自己開示は単独でおきるのではなく，双方向的なものであり，時間とともに変化していくものである。こうした自己開示の双方向性，可変性という面に着目した研究も必要ではないかと考える。また，自己開示と対人関係の親密化についてのコミュニケーション研究も必要であろう。

9. まとめ

日本語教育において，コミュニケーション重視とされながらも文型を重視した教育が依然として行なわれているのは，教師を束縛しているコミュニケーション観など，いくつかの阻害要因があるためである。これらは，ふだん教師にとってはなかなか自覚しにくいものといえよう。

この論文では，特に教科書の会話事例をもとにこれらの阻害要因となっている教師のコミュニケーション観をあげ，それらをとりのぞくためにどのようなコミュニケーション研究が必要かについてのべた。

今後の日本語のコミュニケーション教育のための研究には以下のような研究が必要である。

(23) 導入手順重視の束縛が教科書にどのようにみられるかについての分析や，自然会話と教科書の会話のギャップについての研究が必要である。

(24) 教室内の構造化したコミュニケーションの実態に関する研究や，これらの束縛に関する教師自身による内省的研究が必要である。

(25) コミュニケーションを双方向的なものとしてとらえ，あいづちや共同発話などについての研究を進めていく必要がある。

(26) 課題未達成や不成功のコミュニケーションにも焦点をあて，予測不可能事象についての研究を進める必要がある。

(27) 社会的文脈の中で，他者との相互作用のプロセスそのものに焦点をあてた研究が必要である。

(28) 集団コミュニケーションのダイナミクスについての研究を進める必要がある。
(29) コミュニケーションの中でどのように関係構築が行なわれたのかという観点からの研究が必要である。

　この論文では，コミュニケーションを刻一刻と変化していく動的な，そして関係構築的なプロセスそのものであるととらえている。そしてそれは，成功だけではなく失敗もあれば予測不可能な場合もあるととらえている。

　今後の日本語におけるコミュニケーション教育のための研究では，これまでのコミュニケーション観をぬりかえていく視点が必要である。また，相互作用のプロセスそのものを丁寧にみていく研究や，これまであまりあつかわれてこなかった予測不可能事象や関係構築，あるいは集団コミュニケーションなどをテーマにした研究が必要である。

調査資料

『新文化初級日本語1』，文化外国語専門学校(編)，文化外国語専門学校，2008.
『日本語初級2　大地』，スリーエーネットワーク(編)，スリーエーネットワーク，2009.
『日本語でビジネス会話　初級編──生活とビジネス──』，日米会話学院日本語研修所，凡人社，2000.

引用文献

稲垣恭子(1989)「教師-生徒の相互行為と教室秩序の構成──「生徒コード」をてがかりとして──」『教育社会学研究』45, pp. 123-135, 日本教育社会学会.
菊岡由夏・神吉宇一(2010)「就労現場の言語活動を通した第二言語習得過程の研究──「一次的ことばと二次的ことば」の観点による言語発達の限界と可能性──」『日本語教育』146, pp. 129-143, 日本語教育学会.
ザトラウスキー，ポリー(2003)「共同発話から見た『人称制限』，『視点』をめぐる問題」『日本語文法』3-1, pp. 49-66, 日本語文法学会.
新屋映子・姫野伴子・守屋三千代(1999)『日本語教科書の落とし穴』アルク.

當眞千賀子(1997)「社会文化的,歴史的営みとしての談話」,茂呂雄二(編)『対話と知——談話の認知科学入門——』pp. 151-174,新曜社.

徳井厚子・桝本智子(2006)『対人関係構築のためのコミュニケーション入門』ひつじ書房.

徳井厚子(2011)「教師のもつ「衣」」『第19回小出記念日本語教育研究会論文集』pp. 112-121,小出記念日本語教育研究会.

中川典子(2003)「日本と韓国のビジネスマンの「自己開示」に関する比較調査——状況による要因の観点から——」『異文化間教育』17,pp. 62-77,異文化間教育学会.

西田司・西田ひろ子・津田幸男・水田園子(1989)『国際人間関係論』聖文社.

初鹿野阿れ・岩田夏穂(2008)「選ばれていない参加者が発話するとき——もう一人の参加者について言及すること——」『社会言語科学』10-2,pp. 121-134,社会言語科学会.

藤江康彦(2006)「教室談話の特徴」,秋田喜代美(編)『授業研究と談話分析』pp. 51-71,放送大学教育振興会.

藤森裕治(2009)『国語科授業研究の深層——予測不可能事象と授業システム——』東洋館出版社.

メイナード,泉子・K(1992)『会話分析』くろしお出版.

Mehan, Hugh.(1979) *Learning Lessons: Social Organization in the Classroom.* Cambridge, MA: Harvard University Press.

Watanabe, Suwako.(1993) American and Japanese group discussions. In Tannen (ed.) *Framing in Discourse Cultural Differences in Framing.* pp. 176-209. NY: Oxford University Press.

日本語教師に求められる
コミュニケーション教育能力

嶋田和子

1. この論文の主張

日本語教育においてコミュニケーション教育の重要性は広く認められており，コミュニケーション教育のためのさまざまな取り組みが行われている。しかし，教育現場全体を見ると，まだまだ教育実践の面で十分であるとは言いがたい。その原因の1つとして日本語教師のコミュニケーション教育能力が十分でないことがあげられる。

そこで，この論文では「日本語教師に求められるコミュニケーション教育能力に関する研究」のあり方について考察する。その際に求められるのは，教育現場に立脚した実践研究である。まず(1)のようなことを主張する。

(1) 日本語教育に必要なコミュニケーション研究を進めるには教育現場や実際のコミュニケーション場面に関する研究が重要であり，「現場に始まり，現場に終わる」実践研究こそが求められる。そのためには教師一人ひとりが研究という視点を持って実践に当たることが重要である。

(1)の考え方に基づき，この論文では最初に2.から4.においてコミュニケーション教育能力に関して，(2)から(4)のような問題点があることを述べる。

(2) コミュニケーション重視の授業を行っていると言いながら，実際に使用されている教科書はいまだに文型積み上げ式教科

書であり，教師も「はじめに文型ありき」の教え方に基づいた教育実践を行っている。

(3) 教師は「コミュニケーションを静的なもの」として捉えがちであり，「適切さ」より「正確さ」を重視した教育を行っている。コミュニケーションは「場・関係性」が重要であるという視点が欠けている。

(4) 「教師＝教える人，学習者＝教えてもらう人」という構図で授業が進められている。コミュニケーション教育の目的は，他者との交わりであり，教師と学習者はこの意味で対等な関係であるという意識が希薄である。また，「教室を超えた教育実践」への関心がまだまだ十分とは言えない。

次に，こうした問題点を解決するために，5.から7.において，教材に関する研究，接触場面・母語場面に関する研究，さらに「教えること・学ぶこと」に関する研究の必要性について，(5)から(7)のようなことを述べる。

(5) 既存の教材をクリティカルに分析し，何が問題点かを探る。さらに，その結果をもとに新たな教材を作成し，使用し，評価する。こうした包括的な教材研究が必要である。

(6) 教師自身がコミュニケーションの実態を知り，それを教育現場に活かしていくことが重要である。そのためには，接触場面・母語場面に関する研究を進める必要がある。

(7) いかによい教材ができ，コミュニケーションに関する研究が進んだとしても，「教えること・学ぶこと」という教育学的な研究が進んでいかなければ，教師の意識改革は望めない。さらに，「教室」という閉じられた空間を越えた活動を含めた実践力が必要となる。

最後に，今求められているコミュニケーション研究を阻害する要因について8.で述べる。

2. 教師の思考を停止させる「文型至上主義」と「教科書至上主義」

初級教科書を見ると，同じ課に「～ように」を使った文型が3つ同時に出ていることがある。

(8) 1. 速(はや)く　泳(およ)げるように，毎日(まいにち)　練習(れんしゅう)して　います。
　　 2. やっと　自転車(じてんしゃ)に　乗(の)れるように　なりました。
　　 3. 毎日(まいにち)　日記(にっき)を　書(か)くように　して　います。

(『みんなの日本語 初級Ⅱ 本冊』p.86)

3つの文型を見ると，形式という点では共通点があるが，それぞれの文型の持つ意味は大きく異なる。文型1は「目的」を表す「～ように」，文型2は「～ようになる」という文型で「変化」，そして文型3は「～ようにしている」で「努力」を表す。このようにまったく意味の異なる文型を1つの課で「ただ一部の形が同じである」というだけの理由で学ぶことになるのである。これはまさに「はじめに文型ありき」の考え方に基づくものであり，「どんな時，どんな場面で，何のためにする発話なのか」と考えると，ここで同時にまとめて学ぶ意味はない。

上記(8)について白川博之(2005：p.59)は，「3つの用法を同時に提示するのは，いかにも日本語学的文法の流儀」であるとし，さらに「まずは，文型2から提示するべきであろう。文型1を教えるのは，「ために」が出てきてからでも遅くないし，文型3も「する」と「なる」の対立で理解させたいのだろうが，文型2に比べると必要度が低い」と述べている。

次に，中級教科書の例として(9)の「～ものだ」をあげる。自分の考えをやや強引に主張する「～ものだ」をなぜこの課で，このような形で学ぶ必要があるのだろうか。学習者から聞いたことがある「これって，いつ，どこで，何のために言うんですか。ケンカみたいな「～ものだ」ですね」という意見は，この会話文の持つ問題点を表している。

(9) 3.　A：「おふろは夜寝る前に入るものです」
　　　　B：「それは違います。　　　　　　　　」

(『テーマ別 中級から学ぶ日本語』(初版)p.25)

この「～ものだ」は教科書が改訂された時に，改訂項目として取り上

げられ，以下のようなものに変わった。

(10) 5. 歯は，ごはんの前にみがく。
→歯は，＿＿＿＿ものです。
→歯は，＿＿＿＿ないものです。

(『テーマ別 中級から学ぶ日本語』(改訂版) p. 25)

しかし，(10)は「ケンカ腰の「〜ものだ」」の練習は消えたものの，今度は単なる「文型ドリル」に変えられてしまったのである。コミュニケーション教育という観点からは大きな後退であると言える。

日本語教育で使われている教科書そのものもコミュニケーション教育という面で，大きな問題を抱えている。しかし，その問題をさらに広げてしまっているのは教師の「教科書至上主義」である。「印刷されたもの，特に教科書は絶対的なものであるという思い込み」によって，教師が教科書をクリティカルに見たり，自分自身の教育実践を振り返ったりすることを妨げているのである。

3.「正確さ信仰」がもたらす「場・関係性の軽視」

コミュニケーションにおいて文型や語彙の正確さに欠けていたからといって，大きな誤解が生まれることはそれほど多いわけではない。

教科書では，「て形」を導入したあと，「〜てください／〜ています／〜てもいいですか／〜てはいけません」など「て形」を使った文型が次々に取り上げられ，正確に言えるようになるまで練習が繰り返される。しかし，(11)のように「〜てはいけません」を「〜てもいけません」と言ったとして，実際にコミュニケーションの上でどれだけ問題が生じるであろうか。

(11) A： テストで辞書を使ってもいいですか。
B： いいえ。使ってもいけません。

この場合「〜てはいけません」という禁止の文型を使うのではなく，「いいえ，駄目です」という答えで十分である。「て形」を導入したという理由で，初級において使う必要性が低い文型を導入することより，「〜てもいいです」を適切な場面で，適切に使えるようになることが重

要である。「場・関係性の軽視」が(12)のような会話を生み出しているのである。

(12) 教師：みなさん，この漢字，いいですか。書きましたか。
　　　学生：はい。消してもいいですよ。

「～てもいいですか」と相手に許可を求めるのではなく，相手に許可を与える平叙文の場合には目上の人に使うのは失礼になる。使う場面が限られている文型が正確に言えるようになることに力を注ぐことよりも，「適切さ」に留意すべきである。

コミュニケーションにおける「適切さ」に関して宇佐美まゆみ(2009: pp. 36-37)は，言語行動(活動)を１．情報伝達の達成度，２．ポライトネスの適切性，３．言語行動の洗練度という３つの観点から捉えている。２．に関しては，「当該言語における意思疎通や感情のコミュニケーションが，対人関係的観点から円滑に行える能力」，３．に関しては，「当該言語・文化において洗練されているとみなされている言語行動ができる能力」であると説明している。

ここで，日本語力には自信があった留学生が経験した「アルバイト面接」での事例を(13)であげることとする。これは，表現や終助詞の使い方の不適切さによって生じた「よくない印象を与える会話」例である。この留学生はなんとか面接は合格となったものの，入社後人事担当者から面接時の問題点を指摘されたことで，やっと「場・関係性」がいかに重要かを認識したのである。

(13) 店　長：それで，中国でどんな仕事をしていたんですか。
　　　留学生：パソコンのインストラクターですね。
　　　店　長：じゃあ，ウチのこの仕事も大丈夫ですね。
　　　留学生：はい，大丈夫ですよ。
　　　店　長：いつからアルバイトを始めたいんですか。
　　　留学生：それはそちらが決めることですから……。

終助詞「ね」「よ」の不適切な使い方，「そちらが決めること」という，事実ではあるが不遜な感じを与える言い方などはコミュニケーションの上では不適切であると言える。

いかに正確に文型・語彙を使うかに力を注いできたこの留学生は，コミュニケーション上の「適切さ」の重要性に気づいていなかったのである。実際受けてきた授業は，習った文型を理解し，正しく例文を作ることが中心であったと言う。こうした場面や状況設定のない文型練習が中心の授業では，真のコミュニケーション能力を身につけることはできない。たとえ授業において場面や状況を設定した上で文型練習をしていたとしても，それは文型練習のための場面・状況設定でしかない。

野田尚史(2009：p. 73)は「言語形式を導き出すための状況設定」ではなく「現実的な状況設定」が重要であるとし，「どんな相手と何のためにコミュニケーションを行うかを明確にした現実的な状況設定を行う」ことが求められるとしている。

4．「教師は正しいことを教える人」「授業は教室の中で」という呪縛

教師にとって「何を，どう教えるか」ということは重要なことであり，シラバスやカリキュラムに関する教師研修はさまざまな形で行われている。しかし，教師が「教えること／教え込むこと」に力を注ぐことにより，教師主導型授業になっては，コミュニケーション教育においてよい結果は期待できない。

コミュニケーション教育において大切なことは知識を伝達する，教え込む教師ではなく，「学習者自身に気づかせ，相互行為の中で互いにどれだけ学び合えるか」を軸とした教育実践ができることである。コミュニケーション教育能力とは，こういった言語教育観が基盤となって養われるのである。

教員室での授業後の「引き継ぎ電話」を聞いていると，(14)(15)のような発話がよく出てくる。

(14) ええと，今日は「〜たことがある」の文型を練習させましたから明日もう一度復習させてください。

(15) 使役の定着が悪くて……。明日は，もう一度224ページの練習問題をやらせてみてください。

教師の発話には使役が多用され，その根底には「教師は教える人」「学習者は教師から教えてもらう人」といった言語教育観，すなわち，教師は学習者より高い知識を持ち，それを学習者に伝達していくという伝統的な考え方がある。しかし，コミュニケーションとは他者との相互行為であることを考えると，コミュニケーション教育において教師は決まりきったルールや知識を単に伝達する人ではない。学習者が自ら考え，自律的に学ぶことを支援する存在でなければならない。『ACTFL-OPI試験官養成用マニュアル』(p. 121)では(16)のように記述されている。

(16)　学習者が言語運用能力を向上させたいのであれば，教師が「舞台に上がった賢人」のような伝統的なものではなく，むしろ，「側に付き添う案内人」というようなものになるはずである。すなわち，教師側からの話を最小限に抑え，学習者が会話に参加する機会を最大限に増やすという役割である。

　コミュニケーション教育においては，文型や語彙といった言語的知識を正確に伝達することに意味があるのではない。言葉を使っていかに他者と伝え合い，自分自身の考えを述べることができるかが重要である。「教師とは知識を正しく学習者に伝える任務を負っているのだ」という呪縛から解放され，「教えること・学ぶこと」の意味を問い直すことが求められる。

　また，「教室に縛られている」という問題点をあげておきたい。それは，1．教室をコミュニティ化できない，2．教室での学習を超え，実際のコミュニティに出ていけない，という2つの問題点である。教育現場では(17)(18)のような教師の声を耳にする。

(17)　限られた授業時間で教室を超えた授業実践など不可能である。教科書をこなすのに精いっぱいである。

(18)　「教室も1つのコミュニティとして考える」ということは，机上の空論であって，実際には無理な話である。

　こうした考えもやはり「教え込む」「授業は教室で行う」といった呪縛によるものであると言えよう。コミュニケーション教育を行うには，教室も1つのコミュニティという考え方が大前提となる。そこには「教

師=教える人，学習者=習う人」という構図はなく，「共に学び合う場」としての教室がある。そこに集う学習者と教師によってコミュニティが作られ，相互行為によって会話を学んでいくのである。学ぶべき文型を提示し，それを覚え，使えるようにすることが目的ではない。

細川英雄(2009：p.36)は「いままでの静的で規範的な言語観に基づく教育実践では，その習得・定着の効果・効率のみを追求してきた観がある」と述べ，さらに「教室における参加者一人一人が，自分の興味・関心のあるテーマを立て，さらにその動機をめぐって教室内外の人物と時間をかけて対話をし，クラス内でさまざまなインターアクションをする」ことの重要性を説く。

5．クリティカルな教材分析と開発に至る教材研究

2.において教科書の問題点をあげ，3.において教科書をただ「そこにあるもの／正しいもの」として捉えてはいけないということを述べた。そこにはクリティカル(批判的)に教材を見ていく力が求められるが，そうした力をもとに教師が教材研究を進めるために必要なのが，クリティカル・シンキングである。日本語の「批判」という言葉は，よくない点をあげつらうといったニュアンスで受け取られることがあるが，クリティカル・シンキングとは「情報や知識をそのまま無批判に受け入れるのではなく，さまざまな視点から分析・吟味して受け入れる姿勢および方法論」を指す。

初級教科書の第1課に(19)のような会話が出ている。

(19)　　A：失礼ですが，お名前は？
　　　　B：①イーです。
　　　　A：②リーさんですか。
　　　　B：いいえ，①イーです。

（『みんなの日本語 初級Ⅰ 本冊』p.11）

場面・文脈という点から見た場合，「失礼ですが」を使う場面は，まったく初対面で何らかの理由で名前を知りたい時に丁寧に言う場合，パーティーなどで最初に相手の名前を聞かずに話を始め，改めて名前を

聞く場合，一度聞いた名前を忘れてしまい再度尋ねる場合などが考えられる。しかし，(19)では場面が明確ではなく，またAとBの関係もよく分からない。学習者の中には名前が分からない時には最初から「失礼ですが，お名前は？」と聞くものだと単純に覚え込んでしまう人も出てくる。教科書に出ている内容に対して，「この課で，こういう練習をする意味はあるのか」を常に考える姿勢が重要である。

次に，比較表現を取り上げることとする。初級教科書には例文として(20)のように提示され，ドリル練習が続く。

 (20) 5．東京は　ニューヨークより　人が　多いですか。
     …はい，ずっと　多いです。
   6．空港まで　バスと　電車と　どちらが　速いですか。
     …電車の　ほうが　速いです。

(『みんなの日本語 初級Ⅰ 本冊』p. 96)

文法的には問題はなく正しく文型を導入しているが，クリティカルに分析してみると，「果たしてこのような例文は意味があるのだろうか」「学習者は，どんな場面で，どんな時に比較表現を必要とされるのか」といった疑問点が浮かび上がってくる。

筆者が勤務する日本語教育機関では，学習者の接触場面を考え，第6課の行動目標を「友達を誘ったり，行きたいところやしたいことを一緒に相談したりして，約束することができる」とし，ST2で比較表現を取り上げることとした(ST＝各課のスモールトピック)。6課の各STの「できること」は以下のとおりである。

 (21) ST1 友達を誘うことができる。また，誘いを受けたり断ったりすることができる。
    ST2 友達の意向を聞いたり情報を比べたりしながら相談することができる。
    ST3 会う場所や時間などを約束することができる。

(『できる日本語 初級』p. 300)

友達を誘ったあとは友達に意向を聞き，情報収集をしながら話し合いをするであろう。よってコンピューターでインターネット検索をしなが

ら，相手の意向を聞くという場面を設定した。

(22) 　A：Bさん，一緒に映画を見に行きませんか。
　　　 B：いいですね。どこで見ますか。
　　　 A：あっ，ニコニコ映画館とふじ映画館があります。
　　　 B：そうですか。ニコニコ映画館とふじ映画館とどちらが近いですか。
　　　 A：ニコニコ映画館のほうが近いです。
　　　 B：そうですか。じゃ，ニコニコ映画館へ行きましょう。
　　　　　　　　　　　　　　　　　　　（『できる日本語 初級』p. 108）

教材研究では「印刷物信仰」から来る「教科書には正しいことが書かれてある」という思い込みを捨てることが重要である。教材をクリティカルに分析し，それをどう使うかを研究することが重要であり，さらに一歩進めて自ら教材を開発し，それを使用し，評価するといった一連の活動によって教師能力はさらに高められるのである。教科書自体も「できあがったもの」として静的に捉えるのではなく，それをさらにクリティカルに見ていく姿勢が求められる。

島田徳子・柴原智代(2008：p. ⅲ)は教材開発には「授業設計能力だけではなく，総合的な知識や幅広い能力が必要」であると述べ，設計や実施に際してはインストラクショナル・デザイン(Instructional Design：ID)が有効であるとしている。さらに，教材開発のプロセスを体験することによって，(23)のようなことが可能になると述べている。

(23)　1. 自分のコースについて，現状の課題を整理する。
　　　2. 既存教材を客観的に分析できる。
　　　3. 自分の言語学習に対する考えや，教授実践をとらえなおす。
　　　4. 教師同士が，お互いの言語学習に対する考えや教授実践を共有する。
　　　5. 教材作成の手順や方法を理解する。

インストラクショナル・デザインとは，「Plan」(どんな教材にするかアイディアを練る＝計画)，「Do」(実際に教材を作る＝実行)，「See」

(作った教材を確かめる＝評価)というサイクルである。こうした「Plan-Do-Seeサイクル」を活用し，「コミュニケーション能力をつける教材の開発」を行うことによって，教育能力は伸びていくと言える。

6. 接触場面・母語場面に関する研究

　コミュニケーション研究において重要なものの1つとして接触場面・母語場面についての研究をあげる。『ACTFL-OPI試験官養成用マニュアル』には「実生活におけるコミュニケーションには常に目的がある。教室で教える際の理由付けを有意味な目的に置き換えることができるだろうか。現実の生活の中で『わたしの言った文を否定形にしてください』と頼んで歩き回ることなんてあるのだろうか」と教師に反省を促し，さらに「実生活では，生のインプット(言語資料)がどこにでもある。例えば，本物の新聞や雑誌の記事，本物の文学，本物の会話……。学習者たちが触れている教材はどのくらい本物に近いだろうか。生の言語資料にアクセスできるストラテジーを教えているのか。テキストを簡略化するのではなくタスクを，簡略化すべきではないか」と記されている。

　それぞれの教授活動を考えてみると，既存の教科書をそのまま使っていたり，オリジナル教材を作成するにあたっても「実生活におけるコミュニケーション活動」に目を向け，調査分析し，実態を把握するということは極めて少ないと言える。

　そこで，筆者は「実生活の生インプット」に強く関心を抱き，知人と共同で「街での生のやり取り」をもとにした聴解教材の作成を試みた。その教材の16課「薬局で」には次のような店員さんの発話がある。

　　(24)　……胃のむかつき，もたれをとるんですけど，ま，一緒に胃の中の粘膜を修復してあげて，それで痛みなんかも改善してくれるお薬になってますので。(『LIVE from TOKYO──生の日本語を聴き取ろう！──』p. 125)

　これを聞いた学習者たちは「～てあげる・～てくれる」の使い方に敏感に反応し，「これはおかしい！」「いや，「～てくれる」は許せるけど，「～てあげる」は絶対納得できない」と議論を始めた。さらには他の課

のCDを聞きながら，教材の「生の日本語」をチェックし始めたのである。教科書に出てくる固定化された日本語ではなく，「雑菌も混じった生水」のような日本語によって，自律的な学びが始まり，さらなる知的好奇心が生まれる。次の(25)は，14課「コンビニで」の中の会話から取ったものである。

 (25) 店長：あとはお金の引き下ろしがATMでできたりですとか，あとは，Loppiという機械を使いまして，チケットのほうを買ったりですとか，ものを受け取ったりとか，そういったサービスもできます。(『LIVE from TOKYO──生の日本語を聴き取ろう！──』p. 108)

店長の発話に関しては，「とか」の接続の形式が1通りでないことや，「あとは」などが繰り返されながら自然な流れになっていることなどに気づいたのである。「蒸留水のような"正しい日本語"」を教科書経由で与えられているだけでは，「力強いコミュニケーション力」はつかない。省略，言い淀み，繰り返し等を経験することで，推測力が生まれたり，実際の会話における適切さを学んでいくのである。よって教師は，常に現実の場面を注意深く観察し，「何が，どんな形で行われているのか」「何をどう授業に活かせばよいのか」「何が学習者のコミュニケーション能力を伸ばすのに役立つのか」といった視点で研究し続けることが肝要である。

 3.において「適切さ」に目を向け，「場・関係性」を重視した教育をすべきであると述べた。ここで1つの事例をあげることとする。

 教師Mは，「できるだけ学習者の接触場面から日々の授業の教材を作りたい」と網を張り巡らせ，(26)のような学習者パクの「アルバイト面接体験談」に関心を持った。

 (26) 先生，私，面接試験，合格しましたけど，入ってから店長に注意されました。「『はい，わかりました』って言ったとたんに受話器をガチャンと置いたよね。あれはよくないから，やめたほうがいいよ」って。私，日本語のほうは大丈夫だと思っていましたけど。結構丁寧に言ったから……。

これを聞いた教師は，「面接での会話はどうだったのだろうか」と，学習者と面接場面の再現を始め，(27)のような教材を作り上げた。

(27) ［電話をかける］
店　員：毎度ありがとうございます。レストランけやきでございます。
学習者：あの，わたくしはパク・ミソンと申します。アルバイト担当の方お願い致します。
［店員から店長に代わって……］
山　本：お電話かわりました。担当の山本です。
学習者：あのう，アルバイトをしたいと思いまして，電話致しました。
山　本：あのう，失礼ですが，外国の方ですか。
学習者：はい，そうです。

学習者は「どうすれば適切な会話になるのか」について話し合いをし，(28)から(30)のような意見が次々に出された。何しろ「アルバイト面接」は身近な話題であり，しかも「面接を終わったばかりの経験」から生まれた会話であることから，学習者の関心度も高いものであった。

(28) ［学習者の第一発話について］
「担当の方お願いします」ではなく，「お店のアルバイト募集の広告を見て，お電話したんですが」と言ったほうがよい。また，相手は担当者じゃないから，パクで十分だと思う。

(29) ［学習者の第二の発話について］
ここでは，担当者と初めて話すのだから，しっかり名前を言わなければいけない。

(30) ［学習者の第三の発話について］
「そうです」ではなく，「韓国の留学生です。6ヶ月前に来ました」と言うと，もっといいと思う。

アルバイト面接に関しては，日本語レベル差はあまりなくても，「経験差」は大きい。よって，それを活用しながら，相手との関係性がコミュニケーションにおいてはいかに重要かを学習者自身に考えてもらう

ことが重要である。教師には，こうした学習者のコミュニケーション活動の中から「学びの種」を拾うという姿勢が求められる。

これは学習者が話した体験をもとに教材を作った例であるが，こうした接触場面そのものを教育実践者自身で研究していくことで，コミュニケーション教育研究はさらに進んでいくのである。

7.「教えるということ」を問い直す教師教育研究

教師とは学習者に「正しい日本語を教える人」という考えでは，どんなによい教材，よい学習環境が与えられたとしてもコミュニケーション教育はうまく実践できない。学習者の「自ら学ぶ力」が重要である。

自律的な学びについて，青木直子(2005：p.774)は，自律学習ではなく学習者オートノミーという用語を使うほうが一般的であると述べ，その定義を「学習者が自分で自分の学習の理由あるいは目的と内容，方法に関して選択を行い，その選択に基づいた計画を実行し，結果を評価できる能力である」としている。自律学習を進める際に教師は，1.教師も学習者も「なぜ」という問いを持ち続ける，2.「選択権は学習者にあり」ということを忘れない，3.教師は学習環境デザイナーである，4.教師自身が「自律的な学び」の実践者である，ということに留意すべきであると言える。

さらに，「教室のコミュニティ」を「ソトのコミュニティ」につなげていく教師力が求められる。それは必ずしもソトに出て実践しなければいけないということではない。そうした教師の意識が求められているということである。西口光一(1999：p.15)は「教室の中で特定の知識や技能の獲得を目指して「教え」「学ぶ」という学習経験を「解体」し，内容やテーマをめぐって協同的に学習する文化的実践として，あるいは，教室の外に出て(または，日本人を教室の中に呼び込んで)実際に日本人と関わりを持つ社会的実践として，学びの経験を再編成しようという試み」がいかに重要であるかについて述べている。

こうした教師力をつけるにはどうしたらよいのか。それは教師自らが実践を振り返り，問い直し，自律的に学び続ける教師を目指すことがで

きるような教師研修を作り出すことである。岡崎敏雄・岡崎眸(1997：p. 10)は(31)のように述べている。

(31) 指導者によるトレーニングによって教授能力を獲得し，教師としての専門性の獲得・向上を図るのではなく，実践－観察－改善のサイクルを実習生(現職)が主体的に担うことによって教師としての専門性を自ら高めていく，つまり教師としての成長を実現していくことが重要である。

ここで，1つのコミュニケーション教育の実践例をあげる。学習者はどう言語活動を広げ，教師はそれにどう対応したかについて見ていくこととする。この教師は教師歴2年と経験は浅いが，同じクラスを担当する教師やコーディネーターと話し合いを重ね，「今，自分は何をすべきなのか」について考えながら進めていった。(32)は授業で行ったインタビュー活動を時系列で示したものである。

(32) 『できる日本語 初級』14課「国の習慣」
　　　［インタビュー活動］
　　　・日本人にインタビューをすることを学習者同士の話し合いで決める　　　　　＜教師でなく学習者による決定＞
　　　・インタビューをＩＣレコーダーで録音をする
　　　　　　　　　　　　　　　＜メモではなく録音を選択＞
　　　・録音した音声を文字化する
　　　　　　　　　　　＜日本人の発話の「省略」への気づき＞
　　　・各自記事にまとめる
　　　・クラス内でシェアする
　　　・ロビーに貼るという学習者からの案に対して，教師が「疑問」を投げかける
　　　・問題解決に向けて動き出す
　　　　　　　　　　　＜「貼れない理由」についての話し合い＞
　　　・記事を作り変える
　　　・協力してくれた日本人に事情を説明し，新たな許可を求める
　　　・ロビーに貼る

・協力してくれた日本人にお礼状を出すことを決める

このインタビュー活動は学習者同士で話し合い、考えながら進めていったものである。「ＩＣレコーダーによる吹き込み案」は学習者が選んだことであり、「録音した音声を文字化する」という行為も自発的に行われた。しかし、文字化の過程で、次のような問題が起こった。

(33) 日本人：そうそう、そこに野菜をね、そう。
　　　学習者：はい。
　　　日本人：それでできあがり。

記事に仕上げるには「野菜を○○」の動詞が分からなければ書くことができない。学習者は教師に助けを求めたが、教師は「ことばのプリント(料理関連)」を渡してただ見守るだけであった。学習者はプリントを使い、推測しながら「入れて煮る」という言葉を探し当てた。こうして「日本人の話にはいかに省略が多いか」ということを自らの体験を通して知ったのである。

次に、クラス新聞に仕立てるという意見が出たが、ここで教師から「ある疑問」が出され、(34)のようなやり取りが始まった。

(34) 教　師：これをこのままロビーに貼るんですか？これはちょっと……。
　　　学習者：はい。みんなに見てもらいたいです。
　　　教　師：いいですね。でも、これはちょっと貼ることはできません。
　　　学習者：えっ？どうしてですか。きれいにできました。どうしてダメですか。
　　　教　師：うーん。みんな、どうしてだと思いますか。

教師はここで一切理由を言ったり、指示を出したりせず、「なぜ」を問うだけである。答えは学習者自らが考え、仲間と話し合う中で発見することが「学び」だからである。学習者は、自分たちが行ったインタビューが、相手のプライバシーに深く関わる多くの質問をしていたことに気づき、教師の「疑問」の意味を理解する。学習者は、日本語でインタビューができることのうれしさから、当初考えていた質問を越え、無

意識のうちに非常に個人的な質問を次々に投げかけてしまったのである。
　こうして記事の書き直し作業，インタビューに応じてくれた日本人への事情説明・許可求めを行い，無事ロビーに貼ることができたのである。さらには，自然発生的に「お礼状を書こう」ということになり，学習者の発案による「手紙を書く」という活動が始まった。日本語学習を始めてわずか2ヶ月の学習者たちの自律的な総合的なコミュニケーション活動であった。
　こうした学習者とのやり取りや他の教師とのやり取りによって，教師は「教えること・学ぶこと」とは何かを問い直したのである。これを教師研修として実施するにはどうしたらよいのか，今後の実践研究の成果が期待される。

8．実践研究を妨げる要因

　5.から7.においてコミュニケーション教育に関する研究について述べた。最後にこうした実践研究を妨げる要因について考えてみたい。
　教育現場では「毎日の授業でそんな余裕はない」「研究など現場教師には無理」という教師の声が聞こえてくる。しかし，特にコミュニケーション教育とは「単なる知識の伝達教育ではない」ことからも，日々の実践の振り返りに加え，実際のコミュニケーションを客観的に見つめ，分析していくことが重要である。さらには教師自身のコミュニケーション活動を真摯(しんし)な態度で見つめ直すことが求められている。
　しかし，現状では教育現場において実践研究が十分に進んでいない。実践研究を妨げる要因として(35)と(36)があげられる。
　　(35)　現場には「実践者の使命は教育を実践することであり，研究は必要ではない」という思い込みがある。しかし，理論的な裏づけのない個人ベースの実践に終わってしまっては，「他者との共有」という点が困難である。
　　(36)　実践研究の重要性は分かっていても，研究の方法論が分からないというケースが見られる。その根底には「研究は自分た

ちとはかけ離れたもの」という距離感の問題がある。

　研究という視点を持つことなく，実践をし続けていることから起こる弊害として，「教師の3K」があげられる。「3K」とは「勘・経験・記憶に頼る教師の姿」である。共通言語で客観性を持って教育実践を記述し，他者と共有することが重要であり，そこから教育実践の裏づけとなる言語教育観に関する議論が生まれ，実践が研究という視点で検証されていくことになる。

　また，教育現場では「実践研究をやりたいのだが，方法論が分からない」という声もよく耳にする。だからこそ実践研究が他領域との有機的な連携によってさらに進めていくことが求められているのである。特に，コミュニケーション教育における実践研究の果たす役割は大きい。

　ここまで，教育現場に潜む実践研究を妨げる要因について見てきた。しかし，教育界全体を見ると，(37)のような傾向があり，そのことが実践研究を妨げているのである。

　　(37)　「理論＞実践」という関係で捉えることが正しいという考え方が広がっている。理論と実践とは，互いに補完する関係にあるのだが，理論の応用として実践を考えてしまう傾向がある。

　野田尚史(2005：p.5)は，日本語学に依存しない日本語教育文法を打ち立てることが重要であるとし，(38)のように述べている。

　　(38)　これまでの日本語教育文法は，日本語研究の成果としての文法を応用するという意識が強く，日本語教育には必要でない部分もとり込んできた。そのような部分を排除し，必要なのに入っていなかったものを取り入れて，コミュニケーションにほんとうに必要な文法にする必要がある。

　ここで述べられているのは文法であるが，語彙・音声・社会言語学的な側面などすべてに言える。重要なのは，コミュニケーションの現場を研究し，さらに教師自身が自らのコミュニケーションを見つめ直すことが実践研究の第一歩となり，それが教師のコミュニケーション教育能力の向上につながるということである。

9. まとめ

　この論文では，教育現場においてよりよいコミュニケーション教育が実践されるためには，教師にコミュニケーション教育能力が求められ，その教育能力を高めるには，コミュニケーション研究が必要であり，さらには適切な教師研修が重要であることを主張した。具体的には(39)から(41)のような研究の必要性について述べた。

(39) クリティカルな教材研究：たとえば既存の教科書を「適切さ」という観点からクリティカルに分析する。また，「Plan-Do-See サイクル」を活用して教材研究(開発→使用→評価)を行う。

(40) 接触場面・母語場面に関する研究：たとえば，学習者の体験や教師自身のコミュニケーション場面を見つめ直す。

(41) 知識を伝達するような教師研修ではない教師教育に関する研究：たとえば，「教えること・学ぶこと」を問い直すような教師研修を行う。

　2010年にスタートした新しい日本語能力試験の測定対象能力は，「課題遂行のための言語コミュニケーション能力」である。現場では試験の対策に走ることなく，「コミュニケーション教育とは何か」について考え，自分自身のコミュニケーション力を見つめながら教育実践をしていくことが重要である。そのためには，教師のコミュニケーション教育能力を養うことができるような教師教育が求められ，そのための研究がさらに進められることが喫緊の課題である。

調査資料

『みんなの日本語　初級Ⅰ　本冊』，スリーエーネットワーク(編)，スリーエーネットワーク，1998.

『みんなの日本語　初級Ⅱ　本冊』，スリーエーネットワーク(編)，スリーエーネットワーク，1998.

『テーマ別 中級から学ぶ日本語』(初版)，松田浩志(他)，研究社，1991.

『テーマ別 中級から学ぶ日本語』(改訂版)，松田浩志(他)，研究社，2003.

『LIVE from TOKYO——生の日本語を聴き取ろう！——』，浅野陽子・嶋田和子，ジャパンタイムズ，2009.

『できる日本語 初級 本冊』，嶋田和子（監修），できる日本語教材開発プロジェクト（著），アルク，2011.

『ACTFL-OPI 試験官養成用マニュアル』，The American Council on the Teaching of Foreign Languages（著），牧野成一（監修），日本語 OPI 研究会翻訳プロジェクトチーム（訳），アルク，1999.

引用文献

青木直子(2005)「自律学習」，日本語教育学会（編）『新版日本語教育事典』pp. 773-775，大修館書店．

宇佐美まゆみ(2009)「『伝達意図の達成度』『ポライトネスの適切性』『言語行動の洗練度』から捉えるオーラル・プロフィシェンシー」，鎌田修・山内博之・堤良一（編）『プロフィシェンシーと日本語教育』pp. 33-67，ひつじ書房．

岡崎敏雄・岡崎眸(1997)『日本語教育の実習——理論と実践——』アルク．

島田徳子・柴原智代(2008)『教材開発』(国際交流基金　日本語教授法シリーズ14)，ひつじ書房．

白川博之(2005)「日本語学的文法から独立した日本語教育文法」，野田尚史（編）『コミュニケーションのための日本語教育文法』pp. 43-62，くろしお出版．

西口光一(1999)「状況的学習論と新しい日本語教育の実践」『日本語教育』100，pp. 7-18，日本語教育学会．

野田尚史(2005)「コミュニケーションのための日本語教育文法の設計図」，野田尚史（編）『コミュニケーションのための日本語教育文法』pp. 1-20，くろしお出版．

野田尚史(2009)「言語の教育からコミュニケーションの教育へ——非母語話者に対する日本語教育を例にして——」『社会言語科学』12-1，pp. 67-79，社会言語科学会．

細川英雄(2009)「動的で相互構築的な言語教育実践とは何か」『社会言語科学』12-1，pp. 32-43，社会言語科学会．

あとがき

　この本で伝えたかったのは，ちょっと過激な言い方をすると，「植民地になっている日本語教育学を独立国にしよう」ということです。
　日本語教育のために行われてきたこれまでの研究は，研究の目的がまったく違う日本語学や言語学などの論理や方法で行われているものが多かったと思います。日本語教育学が日本語学や言語学の植民地になっていたということです。
　この本では，日本語学や言語学などから独立した日本語教育のための研究とはどのような研究かを根本的に考え直し，その具体例を示したいと思いました。この本が一つのきっかけになって，本当に日本語教育のためになる新しい研究がどんどん生まれるようになってほしいと願いながら，この本を編集しました。
　考えてみれば，今は立派な独立国になっている日本語学(国語学)や言語学(文献学)も，昔は文学や歴史学の植民地だったと言ってもよいと思います。どんな植民地も，独立するには時間がかかります。でも，独立のための運動が盛んになれば，独立は早まるでしょう。
　その結果，日本語学や言語学から独立した，もっと役に立つ日本語教育の内容や方法が固まっていけば，日本語を学んでいる非母語話者の人たちの苦労も少なくなるでしょう。それが最終的な目標です。
　この本を作ることになったきっかけは，2009年7月にシドニーで開かれた豪州日本研究大会・日本語教育国際研究大会です。日本語教育学会からの依頼を受け，宇佐美まゆみさん，迫田久美子さん，嶋田和子さんをパネリストとして「日本語教育のためのコミュニケーション研究」というパネルを企画しました。それが好評だったので，ほかの6人にも声をかけて，本にすることにしました。といっても，そのいきさつは複雑で，この本ができたのは天の配剤とも言える偶然が重なった結果です。(どんな天の配剤があったかは，聞いてくだされば，お話ししますよ。)
　奇跡から生まれたこの本が皆さんに愛されますように！　　(野田尚史)

この論文のデータ収集にあたり，多くの母語話者・非母語話者の方のお世話になりました。接触場面で発生した「いい感じはしない」エピソードや，それに対する感想も提供していただきました。母語話者の感想に，自分もかつてしていた，今でもしている（？）エピソードもあり，驚きました。書く機会をいただかなければ，一生わからずに人格を疑われていたかもしれないとも思いました。そうした気づきの中，内容は厳しい（はずだ）が，なぜかとても感じのよい野田編者の数々のメールに感激。論文を書き終えて，日本語コミュニケーションの姿が少し見えてきた気がします。　　　　　　　（カノックワン・ラオハブラナキット・片桐）

　清「過激すぎますか」，野田「いえ，ちっとも」。こんな具合に寛大な'お父さん'的エールと，「この漢字は常用漢字表外字です」のような編集者的コメントをまめに送り続けてくださった野田司令官のおかげで，何とか最後までこぎつけました。ドラフトは早目に出せたものの，練りの段階で，義理の両親と同僚を見送るドタバタから体調をくずし…。パソコン使用もご法度となった苦しい時期を支えてくれたのは，慈愛に満ちた野田司令官と他の執筆者の方々からいただいた温かな励ましの言葉でした。人はコミュニケーションによって生かされるということを，身をもって知った貴重な執筆修行でした。感謝！　　　　　　　　（清ルミ）

　今回は，母語話者に焦点を当てるのが私の役割でしたが，主張のポイントは，非母語話者のコミュニケーションも含めて，日本語教育における「オーセンティシティ」の重要性を示すということでした。教材はいくら巧みに作っても，しょせんそれは本物ではありません。最初のうちはにせもので練習しておき，慣れてきたら本物でという考えでは，いつまでたっても本物は身につきません。むしろ，本物の本物たる所以を明らかにし，それを教育に生かすことを考えるのが，研究者や教師の責務であると考えます。最初のうちはにせものでも…と言っているうちに，いつのまにかそれが当たり前になり，はては本物との区別がつかなくなってしまうことのないようにしたいものです。　　　（宇佐美まゆみ）

非母語話者の発話は，時に「問題」であってもそれは「工夫」の産物であり，ありったけの「能力」を使ってコミュニケーションした結果。執筆依頼を受けた際に，担当する内容に合わせていくつか用例をあげると「それはもう古い。もっと新鮮な用例を！」とダメ出しを受けました。それ以来，新鮮な用例を求めて，非母語話者と母語話者とのコミュニケーション場面に聞き耳をたてる毎日が始まりました。そんな中，ある学生に言われた一言。「先生，帽子をかぶったら，きれいですね。」新鮮な用例をゲットできた喜びと複雑な乙女心と…。また新学期が始まろうとしている。新しい帽子でも見に行こうかな。　　　　（奥野由紀子）

　「伝えたいこと」と「伝わること」は違う。これが，書き終わっての感想です。本書の論文の目的は，非母語話者が話す場面でどのような工夫を行っているのかを読者に伝えることでした。しかし，途中で，この書き方では伝わらないと思い始めました。それは，私が聞き手・読み手に「どう伝わるか」を意識せず，うまく伝えるためのコミュニケーションの工夫をしなかったからです。この仕事で相手への伝わり方を考えることの大切さを痛感しました。話し上手は聞き上手。うまく伝える方法を学ぶには伝わり方を観察すること。非母語話者のように，コミュニケーションの工夫を進化させたいと切望しています。　　（迫田久美子）

　文法と語彙はどちらが大切なのか…。その答えは，私は語彙だと思います。極端な話，「私，焼き肉，食べる！」というように単語を並べるだけでも言いたいことは伝わります。しかし，「は，が，たい！」と言っても，何を言いたいのかさっぱりわかりません。もちろん，両者を組み合わせて「私は焼き肉が食べたい！」と言えば最も正確に意図が伝わるのですが，コミュニケーションをリードするのは，やはり語彙であり，文法はその補助をするものだろうと思います。では，どうすれば，非母語話者のコミュニケーション能力の向上と関わりを持つような形で，語彙の研究を行うことができるのか。その答えを知りたいと思って，本書の論文を書きました。　　　　　　　　　　　　（山内博之）

2003年の日本語教育学会秋季大会シンポジウムで「新しい日本語教育文法――コミュニケーションのための文法をめざして――」の議論を聞いたとき，私も「そういうことなら，ずっと考えて(現場で)やっている」と考えた多くの教師の一人でした。しかし，この論文を書く機会をいただき，自分が何となく，時に「ベテラン教師の職人芸」と言われながら実践していることの意義を，言語教育研究の土俵に乗せるために明確に述べることのむずかしさを痛感しました。アメとムチの使い分けが見事な隊長のお導きで何とか書き上げることができました。少し整理された頭でまた新しい課題に向かっていこうと思います。　　(品田潤子)

　『神様のカルテ』の中で主人公である医者イチのこんなせりふがあります。「医者ってえらそうにいわれているけど，本当は毎日迷いながら生きているんだ」。イチだけではなく，教師も，学習者も，皆こんな混とんとした迷いの世界を生きているのかもしれません。不完全で，失敗を繰り返しながら。それでも，コミュニケーションから様々なことを学んでいくのだと思います。今回何度も原稿の書き直しをした過程は，自分の至らなさに直接向き合うことの大切さを学んでいく過程そのものでした。混とんとした世界に向き合いながら，今後もコミュニケーションの神秘と面白さに耳を澄ませていきたいと思います。　　(徳井厚子)

　「コミュニケーション教育を阻む原因の一つは教師。教師が変われば，学習者も変わる」と元気よく船出したものの，すぐに暗礁に乗り上げてしまいました。教育現場を見詰め，問題点を洗い出し，問題解決にはどういった研究が求められるかを考えるのは難しく，なかなかうまくまとまりません。原稿を出すと，野田隊長から「もっと思い切って論を展開し，大いに跳ね回ってください」という返事が返ってきたり……。その後も何度かやり取りする中で，さまざまな「気づき」がありました。教師の成長にとって，いかに「他者との対話」「自己との対話」が大切かを改めて実感できた執筆活動でした。今度は，読んでくださった方々との対話の輪が広がっていくことを願っています。　　(嶋田和子)

索引

【アルファベット】
『ACTFL-OPI試験官養成用マニュアル』 193, 197
『BTSJによる日本語話し言葉コーパス(トランスクリプト・音声)2011年版』 65
Can-do statements 162
CEFR(欧州共通参照枠) 161, 162
Japanese for Busy People I 45, 149
JF日本語教育スタンダード 162
KYコーパス 13, 110, 114, 127, 128, 130, 134–137, 139–141
『LIVE from TOKYO——生の日本語を聴き取ろう！——』 197, 198
Mehan 169, 170
MY Can-do 162
『ＮＨＫテレビ日本語講座 新にほんごでくらそう』 54
OPI 90, 91, 98, 127, 131–133, 139, 193, 197
Plan-Do-Seeサイクル 197
Situational Functional Japanese Vol. 1 45
Usami 70
Watanabe 179

【あ】
「あ」 54
あいづち 25, 26, 28, 32, 57, 66, 68, 77, 78, 113, 114, 173, 174
相手との関わり 23, 26
相手との関係性 48, 199
相手とのネゴシエーション 31
　ネゴシエーション 31, 32, 34
相手に必要な情報 26, 28
相手の決定権 34, 35
あいまい 8, 24–26
青木直子 200
アスペクト 137–139, 152
アップシフト 75, 76, 80
「あとは」 198
アドバイス 30
穴埋めテスト 7, 108, 112
「あのう」 74
天野成昭 130
謝る 58
「ありがとうございます」 35
アルバイト 191, 198, 199

【い】
言いさし 14, 97
言い残し 94, 96–98

言いよどみ 157
庵功雄 125
「行きます」 79
「行く」 75
生駒知子 116
猪崎保子 37
石黒武人 57
李善雅 25
李善姫 56
市川保子 13, 109-111
一方向的なコミュニケーション 172, 173
「いつか」 140, 141, 143
稲垣恭子 171
異文化コミュニケーション 56, 57
異文化理解 50
意味公式 8
依頼 8, 37, 45, 47, 57, 112
岩立志津夫 118
岩田夏穂 179
印象 14, 28-30, 34, 36, 55, 90-92, 114, 170, 171, 191
飲食店 9, 11
インストラクショナル・デザイン 196
インタビュー 16, 39, 92, 171, 172, 176-178, 201-203
「インタビュー形式による日本語会話データベース」 13
イントネーション 6

【う】
上原麻子 58
宇佐美まゆみ 65, 68-70, 75, 80, 191
宇佐美洋 16
内海美也子 99
うなずき 58

【え】
英語 57, 69, 87, 89, 99, 110, 113-115, 121, 134, 140, 141, 150, 163, 164
婉曲表現 25

【お】
欧州共通参照枠（CEFR） 161
大沢裕子 55
大関浩美 13, 122
オーディオリンガル法 51
オーラルテスト 108
岡崎敏雄 160, 201
岡崎眸 160, 201
奥野由紀子 13, 90
尾崎善光 56
押尾和美 126
「お願いします」 76, 77, 79
「思う」 116-120
お詫び 28

【か】
「が」 7
「会館」 133, 134
『外国語学習Ⅱ——外国語の学習，教授，評価のためのヨーロッパ共

通参照枠──』 161, 162
「書く」活動 12
学習効果 155
学習者オートノミー 200
「書く」状況 101
確認要求表現 90, 91
かけあい 66, 78
過去 122, 141, 152
  過去形 109, 113
下降イントネーション 6
鹿嶋恵 28
過剰使用 107
柏崎秀子 32
風邪 49, 50
化石化 122, 123
課題達成型のコミュニケーション 175
固まり 110-112
活用体系 4
「角」 133, 134
金庭久美子 90
カノックワン 32
神吉宇一 177
家村伸子 112
からかい 180
かわいそう 89, 90
川口義一 11
関係構築 180-183
漢語 115
韓国語 56, 90-93, 95-98, 107, 108, 110, 112, 116-119, 140
感謝 57

間接表現 25
勧誘 25

【き】
キィ・ティダー 32
聞き返し方 158
菊岡由夏 177
「聞く」活動 11
菊地康人 125
気配り発言 38
技術研修生 156
気遣い 46
衣川隆生 160
「気分, 悪い」 89
金庚芬 56
金眞映 58
疑問 3, 6, 158
教科書 2, 4, 44-52, 54, 55, 73-75, 78, 80, 87, 88, 90, 149, 150, 156, 157, 168-171, 173, 174, 176-180, 189, 190, 194-196, 198
教科書フレーム 48-50, 52, 54
共感 48, 66
教材研究 194, 196
教師 48-53, 78, 151-155, 157-160, 168-174, 176, 177, 179, 189, 190, 192-194, 197, 198, 200-204
教師研修 18, 201, 203
教師主導型 192
教室 50-52, 88, 149, 153-155, 160, 161, 169-172, 192-194, 200
教室環境 116

教室指導　106, 107, 112, 113
教師の３Ｋ　204
教師のアレルギー　52
共同作業　155–157
共同発話　174
共同発話文　65–68
共話　67, 97
許夏珮　13
禁止　4, 46, 53, 190
金城尚美　36

【く】
クーポン　9
苦情　31
具体物　129–133
「ください」　112
クチコミ　14, 15
繰り返し　94–97
クリティカル・シンキング　194
グループ・コミュニケーション　40

【け】
敬語　70–72, 100
経歴　152
「けど」　14
言外の意味　67
『げんき』
　『初級日本語　げんき　ワークブック』　46
研究論文　12
言語学的な研究の論理　2, 6
言語教育観　192, 193, 204

言語行動　39, 40, 56, 58, 69, 70, 72, 116, 191
言語行動様式　100–102
言語転移　115
現実　46–50, 52–56, 149, 151, 153, 154, 157, 159–162, 169, 182, 198
現代日本語研究会　11
建築　132

【こ】
語彙　9, 10, 125, 151
語彙シラバス　129
語彙と文法　137, 140
語彙・文法融合シラバス　139
郷亜里沙　55
交渉　58
構造化したコミュニケーション　169–172
コーパス　11, 13, 63, 109, 116, 117, 120
　『BTSJによる日本語話し言葉コーパス（トランスクリプト・音声）2011年版』　65
　KYコーパス　13, 110, 114, 127, 128, 130, 134–137, 139–141
コーヒーショップ　154
国際交流基金　162
断り　116
語の性質　129
小林哲生　130
小林典子　108
小林ミナ　161

コミュニカティブ・アプローチ 45, 46, 51, 160, 161
コミュニケーション・ストラテジー 80, 81
コミュニケーション能力 1, 48, 64, 81, 125, 163, 192, 197
コミュニケーションの教育 8
コミュニティ 193, 194, 200
「ご迷惑じゃないでしょうか」 25
誤用 13, 106-112, 115, 116
コンテクスト 58
コンビニ 102, 198

【さ】
「最近」 140, 141, 143
迫田久美子 13, 109, 111, 112, 114
笹川洋子 24
誘う 32, 34
定延利之 57
雑談 14
ザトラウスキー 25, 174

【し】
子音 164
使役 89
自己開示 58, 181-183
自己修正 108
自己紹介 3-5, 8, 149, 151, 152
自己評価 29
指示語 168
指示詞 155, 156
自然会話 32, 73, 74, 77-81, 169

『自然会話で学ぶ日本語コミュニケーション——試作版——』 78
自然環境 120
自然データ 40
　双方向的な自然データ 40
自然なコミュニケーション 63, 67, 72, 78, 114, 158
自然発話データ 47
舌打ち 37, 58
実質語 125, 142
　話題に従属しない実質語 137
実質語の分類 126
実践研究 203, 204
失敗 14, 99, 175, 176
質問-応答 178, 179, 181
『実力日本語（上）』 45
「失礼ですが」 194
自動化 108
品田潤子 81
シナリオ 48
柴原智代 196
島田徳子 196
志村明彦 116
社会的文脈 176-178
謝罪 57
謝辞 12, 13
「じゃない」 112
「じゃないですか」 90-92
終助詞 113, 114, 191
集団コミュニケーション 178-180
習得研究 7, 129
「首都」 135, 136, 143

上級　87, 89-91, 93-96, 98, 100-102, 107, 116, 123, 127-131, 135, 136, 138, 161
状況　5, 11, 14, 16, 28, 31, 32, 34, 37, 50, 74, 79, 93, 98, 99, 101, 149, 161, 162, 182, 192
条件表現　109, 122
情報提示表現　92
省略　25, 70, 202
初級　2, 4, 5, 17, 44, 46, 48, 51-53, 69, 79, 87, 88, 90, 100, 102, 107-109, 112, 116, 127-134, 138-140, 149, 156, 158-161, 189, 190, 194, 195
『初級日本語　げんき　ワークブック』　46
食　132, 143
「食堂」　133, 134
白川博之　97, 189
自律学習　68, 81, 200
『しんにほんごのきそⅠ　本冊』　45
『新文化初級日本語1』　168, 173, 174, 176-178, 180
新屋映子　17, 169

【す】

推測　14, 66, 77, 79, 80, 97, 154, 198, 202
推量　110, 121
数字　17
少しずつ　32, 34, 35
スタイル　98
スタイルシフト　35, 36

ストラテジー　15, 31, 32, 40, 67, 69, 70, 80, 81, 97, 152, 197
スピーチレベル　70-72, 80
スピーチレベルのシフト　72
刷り込み　49, 51, 53
寸劇　158, 159

【せ】

正確さ　190
成功型のコミュニケーション　174, 175
政治　132, 143
正の転移　115
清ルミ　44, 46-48, 50, 52, 54, 56-58
接触場面　23, 37, 40, 65, 68, 70, 195, 197, 200

【そ】

相互作用　65, 176, 177, 180
双方向的な自然データ　40

【た】

ターン　96
代案　116
『大学生と留学生のための論文ワークブック』　17
対照研究　7, 56
『大地』
　『日本語初級2　大地』　178
対話活動　163
ダウンシフト　71, 72, 76, 80
高宮優実　40

田中真理　107, 109
「たぶん」　121, 122
「たら」　109, 122
単語親密度　130–133
単純化　109, 149, 150, 152, 159
談話の組み立て方　10

【ち】
中級　17, 28, 52, 53, 69, 89, 90, 95–97,
　　　99, 109, 110, 112, 114, 116, 127–
　　　131, 138–141, 189
中国語　8, 15, 57, 89, 101, 107, 110,
　　　113–117, 119, 134–136, 140, 141
抽象概念　129–133, 135, 143
中途終了型発話　65–67, 69–72, 79
　　　二重中途終了型発話　69, 70
注文　73, 74
聴解教材　197
超級　69, 91, 128–131, 138
鄭加禎　58

【つ】
作られた会話　73, 74
作り物　81, 148, 149
津田幸男　182
「つまらないものですが」　56
「つもり」教育　50, 51

【て】
「〜て」　106, 109, 110
「で」　111
「〜てあげる」　197

ディスコース・ポライトネス　70
丁寧体　12, 35, 70, 71, 117, 119, 120
「〜て, 〜て」　100
『テーマ別 中級から学ぶ日本語』
　　　189, 190
「〜てから」　152
適切さ　191, 192, 198
「できない」　112
『できる日本語 初級』　195, 196, 201
「〜てくれる」　197
て形　190
「ですよね」　90, 92
「〜てはいけません」　190
「〜てもいいです」　190
寺村秀夫　111
転移　115
テンス　137–140, 152
電話番号　17

【と】
導入手順重視　168, 169
當眞千賀子　171
東山安子　57
「とか」　198
時を表す副詞　137
徳井厚子　172, 179
独話的機能　98, 99

【な】
内省　92, 172
「〜ないでください」　45–48, 53
中川典子　58, 182

【に】
「に」 110, 111
西口光一 200
西田司 182
西田ひろ子 182
西村史子 28
二重中途終了型発話 69, 70
「日本語学習者会話データベース」 13
日本語教育学会 51
『日本語初級2　大地』 178
『日本語でビジネス会話　初級編：生活とビジネス』 170
『日本語能力試験　出題基準〔改訂版〕』 126, 127
日本語を使う状況 4
入浴 50

【ね】
ネガティブな気持ちの表出 37
ネゴシエーション 31, 32, 34
値段 17

【の】
「の」 107, 150, 151
野田春美 93
野田尚史 17, 19, 100, 125, 160, 192, 204
「のに」 99

【は】
「は？」 36
「はい」 75-79, 114, 156
配慮 36, 45-49, 52, 53, 56, 90, 95
場・関係性 190, 191
『はじめのいっぽ』 74
橋本直幸 127, 128, 137
働きかけ-応答 170, 177
働きかけ-応答-評価 169, 170
初鹿野阿れ 179
発達プロセス 116
「話す」 126
「話す」活動 14, 108
「話す」場面 107
パラ言語 57
反論 14

【ひ】
比較表現 195
非言語メッセージ 57, 58
ビジネスパーソン 99, 100, 150, 154
否定 3, 47, 52, 53, 93, 112, 197
否定的な態度 32
非母語話者独自の文法規則 7
非母語話者のコミュニケーション 13
非母語話者の視点 23
姫野伴子 17, 169
美容院 6
評価 30, 164, 169-172, 196, 197, 200
品格 36, 37, 39

【ふ】
フィラー 73, 74, 78, 95, 100, 113-115

フェイス侵害度 74
フォロー 37
不完全な文 156
福間康子 111
藤江康彦 169
不自然 18, 73, 141, 168, 169, 171, 173
藤森弘子 28
藤森裕治 176
普通体 12, 13, 35, 71, 117, 119
負の転移 115
不満 56
プライベート 8, 36
『文化初級日本語』
　『新文化初級日本語1』 168, 173, 174, 176–178, 180
文化的差異 57, 59
文型 2–4, 18, 73, 74, 81, 88, 90, 100, 148, 151, 153, 160, 161, 168, 169, 189–195
文型積み上げ式 86, 149, 150, 160, 163, 164
文脈 46, 49, 50, 70, 73, 160, 194
　社会的文脈 176–178
『分類語彙表　増補改訂版』 126, 127

【へ】
弁明 28, 29

【ほ】
母音 164
包装 102
母語場面 65, 66, 197

母語話者のコミュニケーション 10
「ほしい」 112
ポジティブ・ポライトネス 71
細川英雄 194
ホテル 14, 15
ほめ 56, 57, 180
ほめる 87, 88
ポライトネス 67, 69–71, 74, 191
洪珉杓 57, 58
本物 81, 148, 149, 152–154, 197

【ま】
増田真理子 125
桝本智子 179
町 130–132, 143

【み】
水田園子 182
水谷信子 13, 25, 26, 97
身近な語 133
「都」 135, 136, 143
『みんなの日本語』 51
『みんなの日本語 初級Ⅰ　教え方の手引き』 3
『みんなの日本語 初級Ⅰ 本冊』 3, 45, 49, 50, 53, 194, 195
『みんなの日本語 初級Ⅱ 本冊』 4, 87–89, 189

【む】
「村」 135, 136, 143

【め】
名刺 150
メイナード 35, 91, 173
命令形 4
メール 8, 29-31, 35, 37, 101
面接 98, 191, 198, 199
面子 47, 48

【も】
「も」 155
「もう一度言ってください」 158
申し出 32, 88
「もしも」 122
モジュール型 160
「〜ものだ」 189
守屋三千代 17, 169

【や】
役割 175-177, 179, 180
安田励子 55
薬局 197
「やっぱり」 54
山内博之 91, 109, 114, 125
山本千津子 24
山森理恵 90
やり直し 81, 157

【よ】
「よ」 114
幼稚な日本語 100
「〜ように」 189
吉田妙子 107
予測 67
予測可能 174
予測不可能 175, 176
「よね」 91
米勢治子 163
「読む」活動 14
「読む」ニーズ 16
予約 11, 12
「よろしくお願いします」 35

【り】
理髪店 6
理由 28, 29, 47
留学志望理由書 26, 34

【ろ】
『ロールプレイで学ぶ中級から上級への日本語会話』 17

【わ】
「は」 7, 150
「わけがありません」 93, 94
「わけで」 92, 93
「わけなんですが」 92, 93
話題に従属しない実質語 137
話題マップ 163
割り込み 56, 157

【ん】
「んです」 169
「んですよね」 91

著者紹介

(2012年5月現在)

野田尚史（のだ・ひさし）
【生まれ】1956年，金沢市
【学　歴】大阪外国語大学イスパニア語学科卒業，大阪外国語大学修士課程日本語学専攻修了，大阪大学博士課程日本学専攻中退，博士（言語学）
【職　歴】大阪外国語大学助手，筑波大学講師，大阪府立大学助教授・教授，国立国語研究所教授
【著　書】『コミュニケーションのための日本語教育文法』（編著，くろしお出版，2005），『日本語学習者の文法習得』（共著，大修館書店，2001）など

カノックワン・ラオハブラナキット・片桐
（かのっくわん・らおはぶらなきっと・かたぎり）
【生まれ】1967年，タイ王国バンコク都
【学　歴】チュラーロンコーン大学文学部日本語講座卒業，筑波大学修士課程地域研究科日本語コース修了，筑波大学博士課程文芸・言語研究科応用言語学専攻修了，博士（言語学）
【職　歴】チュラーロンコーン大学講師・助教授
【著　書】『らくらくタイ語聴き取り練習帳』（共著，チュラーロンコーン大学，2011），『ホップ・ステップ・ジャンプⅠ，Ⅱ（日本語中級教科書）』（チュラーロンコーン大学，2002）など

清ルミ（せい・るみ）
【生まれ】1957年，静岡県富士宮市
【学　歴】成蹊大学文学部英米文学科卒業，成蹊大学大学院文学研究科修士課程修了，名古屋大学大学院国際言語文化研究科博士後期課程単位取得満期退学，博士（文学）
【職　歴】日本語学校の専任，米国国務省日本語研修所専任教官，早稲田大学講師，経済産業省・ＥＵ委合同プログラム日本言語文化研修責任者，常葉学園大学教授
【著　書】『優しい日本語――英語にできない「おかげさま」のこころ――』（太陽出版，2007），『シリーズ朝倉〈言語の可能性〉7　言語とメディア・政治』（分担執筆，朝倉書店，2009）など

宇佐美まゆみ（うさみ・まゆみ）

- 【生まれ】1957年，広島県尾道市
- 【学　歴】慶應義塾大学大学院社会学研究科心理学専攻修了，ハーバード大学教育学部大学院人間発達心理学科言語文化修得専攻修士課程修了，同博士課程修了，博士（教育学）
- 【職　歴】台湾交流協会台北事務所，米国コルビーカレッジ客員講師，米国シカゴ大学専任講師，東京外国語大学助教授・教授，東京外国語大学大学院教授
- 【著　書】*Discourse Politeness in Japanese Conversation: Some Implications for a Universal Theory of Politeness*（Hituzi Syobo，2002），『言葉は社会を変えられる』（編著，明石書店，1997）など

奥野由紀子（おくの・ゆきこ）

- 【生まれ】1973年，大阪府高槻市
- 【学　歴】京都外国語大学日本語学科卒業，広島大学大学院教育学研究科修士課程日本語教育学専攻修了，同研究科日本言語文化教育学専攻博士課程修了，博士（教育学）
- 【職　歴】ヴィクトリア大学（ニュージーランド）日本語科ティーチングアシスタント，広島YMCA・京都外国語大学非常勤講師，横浜国立大学留学生センター講師・准教授
- 【著　書】『第二言語習得過程における言語転移の研究——日本語学習者の「の」の過剰使用を対象に——』（風間書房，2005）

迫田久美子（さこだ・くみこ）

- 【生まれ】1950年，広島県三次市
- 【学　歴】広島女学院大学英米文学科卒業，広島大学大学院教育学研究科修士課程日本語教育学専攻修了，同研究科博士課程修了，博士（教育学）
- 【職　歴】広島女学院中学高等学校・広島YMCA・広島修道大学非常勤講師，広島大学助教授・教授，国立国語研究所日本語教育研究・情報センター教授
- 【著　書】『日本語教育に生かす第二言語習得研究』（アルク，2002），『日本語学習者の文法習得』（共著，大修館書店，2001）など

山内博之(やまうち・ひろゆき)

- 【生まれ】1962年，名古屋市
- 【学　歴】筑波大学社会工学類卒業，筑波大学修士課程経営・政策科学専攻修了，大阪大学博士課程経済学専攻中退
- 【職　歴】岡山大学講師，実践女子大学助教授・教授
- 【著　書】『プロフィシェンシーから見た日本語教育文法』(ひつじ書房, 2009)，『OPIの考え方に基づいた日本語教授法』(ひつじ書房, 2005)など

品田潤子(しなだ・じゅんこ)

- 【生まれ】1957年，宮城県仙台市
- 【学　歴】学習院大学法学部政治学科卒業
- 【職　歴】三菱電機株式会社，国際電信電話株式会社(現KDDI株式会社)，公益社団法人国際日本語普及協会教師会員
- 【著　書】*Japanese for Busy People* II *Revised 3rd Edition*(共著，講談社インターナショナル, 2007)など

徳井厚子(とくい・あつこ)

- 【生まれ】1961年，茨城県日立市
- 【学　歴】早稲田大学教育学部卒業，大阪外国語大学修士課程日本語学専攻修了
- 【職　歴】同志社国際高校非常勤講師，北京大学文教専家，信州大学教育学部准教授
- 【著　書】『多文化共生のコミュニケーション』(アルク, 2002)，『日本語教師の「衣」再考』(くろしお出版, 2007)など

嶋田和子(しまだ・かずこ)

- 【生まれ】1946年，東京都
- 【学　歴】津田塾大学英文科卒業，放送大学大学院文化科学研究科修士課程修了
- 【職　歴】イーストウエスト日本語学校教務主任・副校長，一般社団法人アクラス日本語教育研究所代表理事
- 【著　書】『プロフィシェンシーを育てる』(共著，凡人社, 2008)，『目指せ，日本語教師力アップ！』(ひつじ書房, 2008)など

原稿チェック・索引作成補助：中俣尚己(実践女子大学助教)

日本語教育のためのコミュニケーション研究

2012年 5月26日　第1刷発行

編者	野田尚史
発行所	株式会社 くろしお出版
	〒113-0033　東京都文京区本郷 3-21-10
	tel 03-5684-3389　fax 03-5684-4762
	http://www.9640.jp
	E-mail: kurosio@9640.jp
装丁	折原カズヒロ
装丁イラスト	坂木浩子
印刷所	シナノ書籍印刷

© NODA Hisashi 2012, Printed in Japan
ISBN978-4-87424-555-2 C3081

●乱丁・落丁はおとりかえいたします。本書の無断転載・複製を禁じます。